世界愈亂 你愈賺

在變局中·成為大贏家的·投資八法

王裕閔 著

謹將本書獻給我的父母：

我一生中見過最偉大的投資，

莫過於四十二年前，我的父母孤注一擲，

把他們的老本全部投資在我身上。

這次投資，開啟了本書所記錄的夢幻旅程。

沒有父母親當年那無比勇敢的投資，

就沒有我現在數以萬倍的財富。

〈專文推薦〉

投資，一門吸引人的深奧學問

國票金控前總經理　丁予嘉　博士

坊間關於投資的書，五花八門，各有各的理論，各有各的主題，各有各的角度，尤其是針對特定商品的投資分析，股票、期貨、債券、房地產、大宗物資原物料、古代文物字畫、現代雕刻繪畫，甚至普洱茶、古董車、名錶、紫砂茶壺，應有盡有，目不暇給。即使在眾多人參與，資訊、價格透明的股票債券市場，能投資獲利的，絕對是少數；在參與人數少，資訊、價格不透明的小眾特定的投資市場，被坑殺、拐騙的，更是比比皆是。投資會賠錢，但也可能賺大錢，這就是它吸引人的地方；有點賭博的味道，但它卻是一門深奧的學問，耐人尋味！

我與王裕閔二〇〇五年相識在台北。裕閔當時任職於美國第四大銀行——美聯銀行（Wachovia）全球債券擔保業務總監，他是透過美聯香港分行及台北分行找到我的。我當時是富邦投信總經理，也是當時台灣基金管理規模最大的投資信託公司。裕閔與他的團隊，對於債券擔保證券的業務，不僅熟稔，更是讓此項商品在美國推展到各大金融機構的創始級的人物。Collateralized Debt Obligations（CDO）抵押債務債券，在當時的台灣，是全新的商品，很少人聽過。我聽完他們的簡報後，立刻組成專案小組，由我親自領導，裕閔也挽起袖子，與富邦團隊攜手並肩，推出一檔全新的不動產基金，創紀錄地五天募足一百億新台幣。

二〇〇八年，金融海嘯後，美聯銀行被美國富國銀行（Wells Fargo）合併，我與裕閔的聯繫從未中斷。他的專業與投入，讓他後來在宏利人壽、日興資產管理，都交出令人讚嘆的成績單。一個月前，裕閔來電告知，他也跟隨我的腳步，著書立說。稍稍不同的是，我是用小說的方式，寫人性的貪婪；裕閔寫了一本整理他在金融業叱吒風雲三十年的投資心得：《世界愈亂，你愈賺》，他很客氣地邀請我為他的大作寫推薦序，我深感榮幸，並立刻欣然答應！

《世界愈亂，你愈賺》是裕閔在不同的職位，不同的時世，憑著他銳利的眼光，親自調研，洞悉趨勢，把握機會，享受成果的彙總。書中的投資八法，各有獨到的見地，尤其難得的是，他描述當時的時世背景，周全而具有啟發的意義，讀者可依法模擬，進而自我啟發出銳利的眼光，然後，讀者也要學習裕閔的親力親為的調研方法，確定趨勢後，大膽投資。

我寫過不少關於投資大師巴菲特（Buffett）的投資理念，裕閔的心得，與巴菲特實有相通之處。

1. 做投資的根據，是事實，而不是一廂情願的想像。投資前、投資後，你要看見事實（fact）的真相，而不是自己安慰自己的想法。
2. 買你懂的。道聽塗說、似懂非懂的投資，不要碰。尤其是現今的社會中，胡說八道、混淆視聽的分析與報導，多如牛毛，不得不慎！
3. 把握機會。人的一生中，讓你賺大錢、改變一生的機會，不可能常常遇到。真正大的機會，一生中，就是二、三次，頂多三、五次。把握機會是你致富、改變階級的關鍵。
4. 買低（buy low）是最好的策略。能夠買低，是專業、耐心與冷靜的綜合。自己多鍛鍊，必臻佳境！

我看了裕閔的書，才知道他出生在高雄的中下階層家庭，父母親為了追求較好的溫飽，毅然決然地移民阿根廷，用畢生的積蓄，供裕閔上昂貴的私立學校，裕閔也奮發圖強，沒讓父母失望。後來，擠進名校麻省理工學院（ＭＩＴ），從此順遂。這樣的出身，能有如裕閔一樣令人羨慕的成就，實屬不易！人的一生，最該做的就是投資自己啊！

寫於二〇二三年十二月二十三日

〈專文推薦〉

一本以豐富專業投資為底蘊的致富手冊

國投瑞銀基金管理有限公司總經理　王彥傑

你很難在亞馬遜書店找到不是出自心理學領域或臨床經驗人士出版的心理學著作，也不大可能看到一本歷史書籍的作者沒有相關的研究背景。投資，這項專業卻是獨一無二的存在；走進誠品書店，具備正規投資機構實務從業者的作品束諸高閣，你看到的是滿櫃民間高手的簡易致富術。

原因無他，只因投資回報的好壞，在短期內有高度的偶然性，即使拉長期間，也有一定程度的運氣成分。你可以毫無投資知識（當然你至少要知道如何開設投資帳戶），仍然維持一段時間優於其他人的投資成果；在市場中性假設的情境下（賺、賠機率各半），每一〇二四（2^{10}）個人當中就有一個投資人可以隨機的連續在十個市場週期中勝出。在一個擲骰子比大小的遊戲中，連續贏十次的贏家，沒有人會認為他是擲骰子的高手，在投資市場憑藉同樣的運氣，卻可能被稱為投資專家。

台北股市從二〇〇九年全球金融風暴的低點，迄今上漲超過四倍，並且在二〇二三年十一月二十八日歷史性的超越香港恆生指數。在長期的牛市中，每一個人都成了投資高手；多頭市場進一步讓許多投資者忽視投資專業能力的重要性。然而，在這些收益當中，究竟有多少的投資回報是市場賦予的？有多少是運氣帶來的？又有多少是靠著投資能力創造出來的？這是值得每一位投資朋友思考的問題。現代投資理論由馬可維茨（Harry Markowitz）在一九五二年揭開序幕，至今仍是一個年輕且進展緩慢的學術領域，金融市場短期波動隨機且劇烈的特性，更強化多數大眾忽略面對複雜多變金融局勢，是需要投資能力應對的，從而追捧缺乏驗證的投資捷徑。

作者裕閔與我相識多年，於我早年負責某外資機構在台投資業務期間，擔任亞洲地區負責人，協助指導台灣投資業務的開展，與我亦師亦友。本書是他將在北美、日本、香港幾個全球主要金融市場多年的實務經驗，去蕪存菁，把自身的實踐集結成冊，分享給台灣讀者。沒有令人生畏的理論模型，也沒有老生常談的分散投資和長期持有。書中提到的打造經濟體投資策略，分享如何利用隨手可得的資訊，理性大膽的判斷，發掘市場價格的無效率，從生活中啟發投資，這是實實在在的平民致富，而不是當下許多投資者被誤導的傻瓜理財。對投身投資工作多年的我多有啟發，相信也能為多數讀者開拓新的投資思維。

開篇蜻蜓點水的提到對近年來投資市場主流綠色投資價值的反思，正是我認識多年的作者，永遠不忘挑戰主流思維，追求獨立思考的鮮明特質。當然，我認為更值得年輕讀者思考的是，作者的人生歷程，再次的告訴我們，人生最重要的投資標的永遠是「自己」。

選擇《世界愈亂，你愈賺》這一本由豐富專業投資底蘊出發，化繁為簡，從生活中尋找投資機會的致富手冊，幫助你提升投資能力，提高在金融市場長期致勝的機率；或者把自己的財富規劃寄望於有著和其他作者一樣的好運氣？答案應該是顯而易見的。

〈專文推薦〉

財經書架上的珍品
——以智慧創造財富的最佳典範書

《我的錢怎麼不見啦》作者　張彼得

我敬佩的好友王裕閔兄，畢業於世界著名的麻省理工學院，出身自華爾街的投資銀行，以其智慧和努力累積了令人羨慕的驚人財富。這次要我幫他的新書寫序，個人覺得非常榮幸。

當我拜讀完他的著作，我覺得更是有責任要認真地為他作序，推薦給所有的讀者，尤其是對國際投資，不管在股市、房地產或其他項目有興趣的投資人，這都是一本值得細細咀嚼，用心思量的典範書。

這些年來，坊間書店財經書架上要麼充斥著教讀者可以快速致富的書，使得許多人的觀念因此被誤導，在追求財富的同時，常常忘記了風險的存在；要不然就是販售著許多翻譯自國際投資大師的經典著作，卻讓人不知如何落實。這本書則自成天地，作者用他的親身體驗，將國際投資銀行的運作，金融產品的產生和行銷，以及他在房地產和股票投資成功的思維和個案，完全不藏私地分析介紹給讀者，讓讀者可以同時在投資的理念結構和實務運用上都獲益良多。所以我說這書是華文財經書中的珍品。

二〇〇九年，我寫了一本還算暢銷的書《我的錢怎麼不見啦》，那是一本以自身的經驗來探討各種失敗學的書，我深刻地相信，在投資領域旅程中，只要願意從錯誤中學習改進，一樣可以愉悅地享受投資理財成果。十多年後的今天，我一直很想再寫另一本書，探討如何積極性地創造財富，畢竟有守有攻才算完美！然而讀完王裕閔兄的這本著作《世界愈亂，你愈賺》後，我覺得心願已了。他的才華和經歷，藉由這本書，帶領讀者進入一個如何創造財富的國際領域，其積極性和廣闊性是我望塵莫及的。

特別是在投資的思維和行動上，我最嚮往的完美境界是來自於《中庸》所敘述的「博學，審問，慎思，明辨，篤行」，五個完整的步驟，然而知易行難，我個人在投資實務上從來不曾真正如此履行過，直到我看完了這本書，不得不說作者才真正是《中庸》中五大SOP步驟的最佳實踐者。王裕閔兄能累積巨大的財富真不是僥倖得來的。誠所謂「致廣大而盡精微，極高明而道中庸」。

《莊子．逍遙遊》：「北冥有魚，其名為鯤。鯤之大，不知其幾千里也。化而為鳥，其名為鵬，鵬之背，不知其幾千里也。」王裕閔兄的學識才華和投資經歷，其格局好比莊子筆下的「鯤與鵬」，我有幸能先閱讀這本書，借重其肩膀，站上更有高度的格局，也相信看過此書的讀者在投資的領域亦能夠更上一層樓，逍遙遊於浩瀚的投資天地中。共勉之！

〈專文推薦〉

洞察機先，看見上帝為你開的那一扇窗

優利佳金融科技有限公司總經理　張華平　博士

我很榮幸能為裕閔寫一篇推薦文，看著他自傳般講述自己的職場發展與金融市場的經驗，就像看到我自己一般。人生真的是到處充滿了驚奇與挑戰，我自己考高中的那一年發生台灣聯招史上唯一一次的洩題案，就這樣讓我過了高中三年夜補校的生活。好不容易幸運地考上大學，在考研究所時「全軍覆沒」，本以為唸書這條路應該到這結束，沒想到幾年後在全世界理工排名第一的ＭＩＴ機械系取得博士學位。

有人跟我這麼說過，「上帝關上一扇門時，總會再開一扇窗，問題是你有沒有勇氣嘗試跨越那扇窗」。如同裕閔在書中所說的一樣，驚奇與災難往往同時發生，只看你怎麼去體會與接受。也像ＭＩＴ機械系畢業的大學長台積電董事長張忠謀博士一樣，在博士資格考失敗兩次之後被迫離開ＭＩＴ，命運造化打開他日後進入半導體的契機，造就了今天台灣護國神山的台積電。

我的職業生涯和裕閔書中所提非常相似，轉戰美、日、台、港、大陸二十餘年。記得進入金融領域的第一份工作——美國摩根大通（JP Morgan，東京），才入行沒幾天還在轉型適應中便發生百年一遇的亞洲金融風暴，一瞬間血流成河，韓國、泰國、印尼相繼瀕臨破產，在亞洲真的算是屍橫遍野，但就像書中所提——危機便是轉機。這機緣剛好引導我進入結構性金融領域，以證券化方式挽救了亞洲幾乎傾滅的金融體系。之後又歷經各次金融災難，雖然這些風暴來得一次比一次猛烈，且發生得愈來愈突然，但每次發生的時候，也就是我們乘風而起再攀升人生職涯另一頂峰的最佳時間點。雖然沒辦法避免金融風暴的發生，但我們可選擇逆勢上游，直到轉變時機的到來。我一開始是個工程師，在自學與機緣下投身投資銀行與信評業二十餘年，慶幸這之中有兩年參與裕閔的團隊一起共事，相互切磋。

回頭觀察這三十年來的金融風暴，發生前大多是市場一片欣欣向榮，到處充滿活力與機運，但都在市場走到最高點的一瞬間傾倒潰散，各自紛飛，正如《老子》中所言「禍兮福所倚，福兮禍所伏」，是福是禍全賴自己的勇氣與判斷。這也是本書主旨，各位讀者如果能體會，相信往後一定能在金融領域與投資獲利上游刃有餘。金融與投資本來就不複雜，也無需用太多理論及公式才能解釋與獲利，裕閔在書中一再強調這部分，他以口語化的方式闡述不論在房地產、綠能、石油、銅礦等金屬投資中皆是如此。當實際價值與市場被低估背離太多時，投資價值便會出現。反之亦然，當市場太過樂觀或集中於同一種心態時，危機便會出現，一九九五年的亞洲金融風暴、二〇〇〇年的網際網路泡沫、二〇〇八年的全球金融風暴皆是如此。但風暴發生之後，或與價值背離之時，投資人該如何辨識投資機會，便是一個很重要的關鍵，這本書用簡單易懂的方式說明了這關鍵所在。

作者在書中也提及日本市場的機緣與盛衰。MIT畢業後，我的第一份工作就在日本，匆匆十餘年日本的職業生涯中，看著日本從一九九〇年代的稱霸世界到沒落，消失的三十年經濟令人不勝噓唏，往日一起打拚的同事們不知今日如何？然而，每次回到東京總讓我感到耳目一新，站在東京車站看到這三十年來的變化，雖然日本經濟不佳，卻能改頭換面，煥然一新，往昔赤坂地區的木房早已改建為嶄新的摩天大樓，大規模的都更已全然改變東京的面貌。

這也是為什麼我對裕閔的見解深表認同，大概只有住在日本工作過多年的人才能實際體會到。世界在改變，有時是看數據，但有時得親身經歷體會，投資東京便屬於這種案例。

最後在這衷心推薦本書，希望您能像本書作者一樣洞察機先，風生水起，即使遇到亂流也能化險為夷，逆勢獲利。

〈專文推薦〉

究天人之際　通古今之變　成一家之言

中華民國投信投顧公會理事長　劉宗聖

回顧二〇〇六年初紐約大雪紛飛的日子裡，第一次與裕閔大哥相識就是在他書中提及的美聯銀行華爾街辦公室，而美聯銀行旗下的投信當時則是我服務公司的外資專業股東之一，猶記當時在全球金融業各項金融創新產品盛行的年代，當時裕閔大哥已是在美國華爾街中頗負盛名的華裔金融投資專家。

多年來在台灣、香港、美國、日本等地金融市場中，皆能看到裕閔大哥在面臨全球金融變局下，持續對於金融產品創新與投資風險管理有獨到見解與先知灼見，其中洞悉市場以及對全球局勢判斷的敏銳與縝密，更是令我印象深刻，也見證裕閔大哥在金融領域的專業與投資致勝之道。因此裕閔大哥能將多年來投資經驗撰寫成書，不吝於將其成功經驗分享予廣大市場投資人，更是金管會提倡普惠金融的最佳體現，深感佩服。

在投資領域中，相信每個人有不同偏好的資產類別（涵蓋股票、債券、商品原物料，甚或房地產等），或是不同的投資方式（包含投資、投機、套利等），不論是哪一種投資或方法，過去我在很多演講或是受訪中都不斷提到，投資首先求不傷身，再求療效，這跟作者在書中提及投資第一步要能讓自己先立於不敗之地，其實也有異曲同工之妙。

裕閔大哥在書中的投資工具還特別提到ＥＴＦ，我自二〇〇三年起有榮幸能夠擔任當時台灣第一檔ＥＴＦ的專案負責人，見證台灣ＥＴＦ市場二十年來的發展歷程，近幾年台灣ＥＴＦ市場發展相當迅猛，受益人數目前已經超過八百萬人、規模則是突破三點八兆元新台幣，產品多元化更是引領亞洲ＥＴＦ發展，如此跳躍式的增長已經在亞洲市場甚至全球市場受到相當高程度的矚目。而台灣ＥＴＦ產品發展涵蓋股票、債券、商品、外匯等四種資產類別，讓台灣投資人可以更便利透過ＥＴＦ建構投資組合，更靈活因應全球金融市場變化與行情波動。特別是近兩年台股重拾主場優勢，台股相關ＥＴＦ發展一躍成為主流，其中台股高股息產品更是吸引ＥＴＦ發行公司爭相發行產品，高配息產品也讓投資人趨之若鶩，吸引更多投資人參與ＥＴＦ，不必再捨近求遠跨海到海外投資。

至於在每一次投資中是否能夠獲取報酬，以及報酬多寡，則需要讓自己具備多種思維與視角，特別是在每一次面臨市場重大事件或是劇烈震盪的逆風行情中，如何找到最具價值的投資，更需要搭配時間耐心等待，市場最終會回應予合理價值，這也正是不少投資人信仰的價值投資法。最後，我想也是最重要的一點，也是裕閔大哥在書中分享的內容，近幾年台灣資本市場結構有邁向年輕化趨勢，年輕人最大本錢就是時間，在金融市場與投資領域中，及早努力投資自己，更是未來不論在投資變局中能夠勝出的關鍵，也是投信投顧公會近年來不斷深耕校園推廣透過基金投資理財的目的。

最後在此恭喜裕閔大哥新書付梓成功，透過他的分享讓台灣的投資朋友與年輕朋友們可以透過此書一窺華爾街大師的全球投資視野與心法。

〈專文推薦〉

開創你自己最偉大的投資

施羅德投信總經理　謝誠晃

從書名來看，這是一本投資理財類的書，但其實不只。

在前公司任職時，裕閔兄與我有良好的合作關係，堪稱我的良師益友。在那幾年中我們在工作上一起交出了一些小成績，算是在我的職涯中可以拿出來回憶的一部分。不過，讀完此書，才發現我對他的所知是蠻有限的，我知道他是到美國念書的小留學生，只是我一直以為他是我們一般認知中的人生勝利組那一型。到現在，我才知道從他的童年到職涯初期有那麼一段刻苦的奮鬥史，後來的成就真的是一分耕耘一分收穫，完全沒有僥倖。

我一直認為投資就是人生（其實哪件事情不是？）。我相信，投資成功與否，跟你的人生歷練、人生目的、物質觀念、個性等息息相關，你的投資大致上可呈現出你這個人的特色。其實，投資和健康一樣，你的投資都只能倚賴你自己，最終也只有你自己才能負責，而投資過程中的每一個動作和行為，包括判斷、決定、執行、調整……都源自於你這個人的總合特質。

有投資經驗的朋友應該都有這樣的體認——期待一本可以直接複製貼上的祕笈是不切實際的。閱讀的目的在於獲得啟發，每個人的人生都獨一無二，發生在他人身上的事我們無法樣樣都經歷，但我們可以因由他人的分享而得到新的學習。本書的可貴之處，在於作者經歷的特殊性。試問，有多少人經歷過阿根廷的惡性通膨，或是像他一樣曾經在華爾街開創債務擔保證券的事業？這些經驗我們不太會直接用到，但可幫助開拓我們的視野，我們可自己想像，倘若這些機會或危機發生時，我們會如何處理。

本書提醒我們，成功的投資不是從天上掉下來的。書中八個案例的決策過程無不經過多次的反覆辯證、資料的蒐集和推翻、恐懼和貪婪的交戰。它也鼓勵我們，每次當機會（也是所謂的亂局）來臨時，我們若持續參與這個過程，累積我們的鍛鍊，經過幾次，財富自由最終會隨著你的能力增長而來。

書中我最同意的觀念是：最偉大的投資是父母（和你自己）對你的投資。這讓我想到查理・蒙格所說的：「要得到你想要的東西，最可靠的方式，是讓自己配得上它。」無論年紀多大，人應該永遠不斷地投資自己，讓自己愈來愈厲害，經由時間的累積，自然愈能隨心所欲。

所以，一本好的投資理財書，不會只講市場、總經或工具，它必須講得更多，因為投資研究這件事是沒有疆界的，更多的東西是要從人生萃取而來的，一本書是講不完的，你必須看很多，而這本是其中一本。

〈專文推薦〉

從投資，到經營管理、家庭與人生

前安本標準投信總經理暨安本集團大中華區行銷主管　簡幸如

我與裕閔相識於二〇〇八全球金融危機那年，我們同時任職於宏利金融集團旗下的資產管理公司，裕閔為亞洲固定收益最高主管，而我則擔任台灣區的行銷暨產品發展主管。也因此我很幸運地可與裕閔的亞洲投資團隊合作發行了台灣第一檔亞太投資等級債券基金，以及台灣第一檔人民幣債券基金。而這兩檔基金也都榮獲了亞洲資產管理雜誌所評選的「台灣區最佳創新商品獎」。獲獎理由是這兩檔商品研發的初衷就是發行者在全球金融風暴不安的市場氛圍籠罩下，能從台灣投資人的需求面出發，期以穩健簡單易懂的投資標的，推出讓一般大眾都能親近的債券商品。

我曾經身為公司的經營管理者，在閱讀《世界愈亂，你愈賺》這本書後，深刻體悟到書中所闡述每一次的變動，都是為了下一次的機會而準備，唯有提前做好準備，才能夠善用及掌握每一次變動後的契機，成為最終的贏家。但難的是我們該如何做好準備，因為來自外部的訊息及雜音往往模糊了事實，投資如此，經營企業亦是如此。多數人的看法未必是正確的，必須回歸探究最底層的基本及源頭需求，而非淺層絢麗的市場語言，更需要有事實及原始數據佐證，以執行最終的決策。

投資是簡單的？我認為是的

從細微處觀察、從供給需求面了解。投資離不開實體經濟、投資可以從生活找尋答案得到印證。任何一個趨勢的形成，需要一定的演進過程，因此我對書中最為印象深刻的篇章是第一章，投資的過程是個進行式，而不是一個急需當下立斷的最終結果。在裕閔的書中所提及每一個市場變動後的投資歷程，他始終保持不變的信念與勇氣，這來自於他嚴守紀律的投資心法及縝密的投資思維。

你要走進去，才能看到局內的商機及風險

投資的本質是購買未來的價值，核心技術及解決方案才是最重要的，但用技術攻堅是需要時間歷程的。相當認同裕閔書中所論述之觀點，在財報分析以外，實地

訪查是投資決定最重要的關鍵，包括產品、商業模式、領導人，能專注於企業的使命感、文化以及大格局，遠比當下股價來得重要。而這些透過與企業領導人的對話及訪談得以窺見。親身參與並且印證，一步一腳印踏實地踩出投資決定。你要走進去，才能看到局內的商機及風險！

這讓我想起了一個小故事，多年前我在新年返鄉的路程中，特別安排全家參訪台大EMBA同學的公司，主要是讓兩個才剛進入大學商學院就讀的兒子，在課堂學習外，能實地了解台灣電子零組件產業的現況及未來發展。在參訪簡報中，我們了解到同學接掌家業的責任、組織變革、產品創新、客戶經營及全球布局，在與領導者的問答交流，以及在第一線工廠與資深的作業前輩實際感受電感設計與製造的完整流程，讓我們在實際體驗中，看到了這家公司前景及投資價值。

這本書雖是投資理財書，但對我身為兩個孩子的母親而言，卻有另外更深刻的感受，看著他們正為著自己的將來奮鬥拚搏，這本書中所闡述的每個投資實戰觀點，對年輕人而言更是一本人生勵志的書，趁年輕勇於投資自己，提早進行人生的規劃與執行，將來的投資回報卻可能是千倍萬倍。

最後以簡單的三句話與讀者分享：

「你簡單」世界就是童話，
「你複雜」世界就成為迷宮，
人生如此，投資的世界亦是如此。

〈專文推薦〉

火花激盪的跨域結盟

方舟投資執行長　凱西．伍德（Cathie Wood）

二〇一五年，我很榮幸在日本與裕閔會面，當時他是日興資產管理的全球首席投資長，日興和方舟正在談判成為合作夥伴。

在達成交易的重要步驟中，裕閔參加了我們在曼哈頓辦公室的一次腦力激盪會議，以審查我們的研究和投資能力。鑒於他在麻省理工學院的工程學位以及他對科技投資的興趣，我們知道裕閔的評估將對雙方的合作關係產生重要影響。

在二〇一六年的一個星期五下午，經過兩個小時火花激盪的研究辯論，爆發出許多牽涉到機器人、儲能、人工智慧、區塊鏈技術和基因組學的尖端想法。我記得當時，裕閔雙手抱著頭說，他覺得自己猶如從消防水帶喝水，醍醐灌頂！在那一刻，我已經深信方舟與日興將會結盟，完成收購我們少數股權的交易。

In 2015, I had the pleasure of meeting Yu-Ming in Japan when he was NikkoAM's (NAM) Global Chief Investment Officer. NAM and ARK Invest were in the midst of negotiations to become partners.

Among many important steps to seal the deal, Yu-Ming attended one of our brainstorms in New York City to vet our research and investment capabilities. Given his engineering degree from MIT and his interest in tech investing, we knew that Yu-Ming's assessment would hold important sway to seal the partnership.

At the end of our two-hour research brainstorm on a Friday in 2016, Yu Ming held his head and said he thought his brain was going to burst with all of the ideas we had discussed and debated around robotics, energy storage, AI, blockchain technology, and genomics. Yu-Ming said he felt like he had been drinking water through a fire hose! At that moment, I knew that we were going to close the deal giving NAM a minority interest in ARK.

目錄 CONTENTS

第三章

第四章

第五章

第八章 自我投資法——人生經營 253

〈序章〉

當變局狂風呼嘯，請展翼準備躍升

一百萬年前人類發現了火；一千年前發明了印刷技術；數百年前鐵路與汽車問世；在我們這一代，科技與世界的變化更有如被按下了快轉鍵的電影。

若把當今世代比喻為一部電影，人們往往太專注於摸得到的物質變化，而容易忽略在快轉的電影中，演員的心理與思維其實一點也沒變。

近年發生過的大事，從科技大突破到新冠疫情、股市起伏，我們可以一一在過去的歷史找到近乎平行的事例。我們會發現，只要有人類存在的一天，人心的恐懼與貪婪，人群的恐慌與瘋狂，都將永存不變。

不變的本質之上，各種表象變化劇烈，反覆交織，就是這本書的主題。

書中描繪過去三十年間，我經歷過的多次變局，以及在變局中親身參與重大投資的故事。同時，我也會將個案抽絲剝繭，提煉出我認為跨越時空不變的原則與心法。

變局只能是傷害？能駕御就是絕佳機會

變化值得害怕嗎？其實，你我體內大量細胞，從幾個星期到數個月左右的時間內，都會全數更新汰換。也就是說，我們每個人的身體，都在無聲無息中進行生理變化，我們無法察覺，因為我們的感官相對粗糙。

在物質世界中，許多物體平常維持恆定，但若超過臨界點，就會發生相變。例如，把水加熱到攝氏八十度或九十度，水仍然是液體狀態。但只要超過一百度，水立即轉化為氣體。

其實，世上所有變局都是如此，起先都是逐漸變化，一旦達到某個臨界點，就會發生徹底轉化，迫使每個人接受新的現實。只看表象的人以為事情是在倏忽之間發生變化；但看實質的人會知道，變化早已逐漸醞釀。

經濟也是不斷更新的有機體，微小的改變隨時在發生，而我們常常無感無知；日積月累之下，到了某個臨界點，就會以「變局」的方式呈現於世人眼前，石破天驚。

並非變化突然到來，只是人們對世事變化的感受遲鈍粗糙，如同我們忽略了自身老化的細微徵狀。我們只能感覺到長期累積之後突然發生的明顯動盪，而忽略了許多動盪前的蛛絲馬跡。

但變化一定不好嗎？變局只能是危機嗎？

事實上，變局也可以是帶來益處的轉機。我的人生就是最好的例證。過去三十年中一次又一次大變局，都是我向上躍升、改寫命運的機會。

如果沒有變局，社會階層將永遠不變，命運永遠定格，那麼生活不但毫無意義，社會也會缺乏進步的原動力。

面對世局或人生的變化，我更建議直接面對變化的實質，瞭解來龍去脈，採取積極的應對策略，再伺機借力出擊，無須恐懼。

回首人生，因變局催化而精采

從小到大，「變」這個字與我形影不離。

回顧我的人生經緯度，涵蓋了南北半球、太平洋兩端。算起來，我親眼見過的政治和經濟動亂也比一般人多了許多。

住在阿根廷的五年，我經歷了多數人無法體會的長期惡性通貨膨脹，類似國共戰爭前的上海、一戰後的德國那樣嚴重的經濟衰敗。但也多虧有此經驗，讓我從小對經濟運轉產生深刻的直覺，也對掌握自身命運有絕對的決心。

到了美國，大學畢業之後就業，先後親歷了幾次經濟蕭條和數個金融市場危機，包含一九八七年的黑色星期一、一九九四年債市大屠殺、一九九八年LTCM危機、二〇〇〇年.Com泡沫破裂、二〇〇八年金融海嘯、二〇二〇年新冠疫情引發的市場危機。我更曾在日本福島核災之後，前往被國際投資者遺忘已久、許多人認定經濟將永遠衰弱的日本。

這些危機中，我看到巨大金融災難所帶來的失業潮，以及業界的惶恐不安，還有一般投資人的恐慌、絕望。

這些變局，我都一一經歷過，但從沒被打倒。反而，我利用這些變局，作為職涯逆勢晉升的機會，以及投資布局的時機。

擅用變局，掌握投資之道

當今世界中，許多人陷於恐懼，只看到眼前變局，卻無法從中看見機會。我希望將自身的投資經驗作為案例，展現三十年金融職涯中的策略思考，幫助大家看穿恐懼，並能運用變局達成人生躍升。

歷史是社會科學唯一的實驗室，累積愈多歷史經驗，愈能辨認下一個變局的起因和軌道。所以，我在書中將講述過去三、四十年間所發生過的金融危機事件，梳理來龍去脈，並分享我如何發現其中蘊藏的投資機會。

希望閱覽本書後，你可以對變局發生的肌理，獲得更深一層的理解，學到應對「變局」的思維技巧與因應策略。

在本書的各案例中，我也刻意選擇不同的資產類別，讓大家有機會從不同的角度看待投資，藉以開拓更寬廣的視野。

這本書用六個人生故事做背景，提煉出每個人都可以實踐的投資理念，在過程中也揭露了市場常見的誤導觀念。這些內容，不但可以運用在投資市場上，也可以對事業、人生的各項抉擇有所啟發。

除了每章藉經典案例闡釋不同主題，還有三大觀念貫穿全書：「逆勢投資」、「關注實體」、「參與投入」，細心的讀者可以留意體會。

考察變局的跨時空旅程即將開始，請坐穩了。

第一章

破案投資法——礦產原物料

破解世界犯的錯，是獲得豐厚報償的機會

前言

我三十幾年的職涯，是以數次的金融危機作為標點符號，分出了幾個段落。

剛出社會的第一年就碰上了一九八七年的黑色星期一，當天的跌幅超過二十%；二〇二〇年的疫情一開始，我計畫為職涯畫上句點，好在日後將所有心力放在剛成立的家族辦公室，結果又遇上全球股市暴跌。

雖然各個股災都有不同的起因，但每當目睹市場陷於極度情緒化的浪濤中，那種似曾相識的感覺總是湧上心頭。

許多人認為，資本市場是完全效率市場，商品的價格、企業的市值，已經充分反映了所有的事實，呈現它應該的水準。

其實，不見得。多次的危機經驗告訴我，市場並非完美的機械，它只是一大群人的投票結果。個人都有失去理智的片刻，更何況眾人集體恐慌。

經過多次危機的洗禮，我本能地感覺到這次股市暴跌是機會來臨的時刻。問題是：這次機會會出現在哪裡？

我心想，是戴上福爾摩斯的探案帽子的時候了。

主流信仰：原油低價時代來臨

美西時間早上六點，天色還暗，我已起床梳洗。打開電腦，紐約市場正開盤。無數投資者和我一樣，早已殷切地開啟電腦、手機、平板螢幕，緊盯數字變化。三十年如一日，每天都如此開啟生活。投資，是我的呼吸、我的生活。即便準備退休，我仍即時關切所有市場動態。

隨著游標移動，電腦螢幕上數字不斷跳動，報告檔開啟，試算表關上。我試著解答一樁謎案。

二〇二〇年四月二十日，我和所有公司的同仁，盯著石油價格下墜，再下墜，不斷貫穿我們認為的底限，甚至破零轉為負數。在最極端的時刻，「西德州原油五月期貨合約，以每桶負三十七美元成交。」這則消息，讓我們驚訝萬分。

「油價竟然可以是負的。」從事投資工作數十年，這種極端現象，畢生僅見。新冠疫情向全世界快速蔓延之時，全球封控，石油運輸阻斷，庫存多到倉庫爆滿，不得已之下，石油商只好把多出來的石油放到油輪上，任其在汪洋大海中漂流，等待買家出現。這種燒錢的行徑，將國際原油價格一時間打為負值。

負值油價的行情當然很短暫，但油價走低，卻是這些年的常態。市場普遍認為，環保趨勢所向披靡，全世界走向ＥＳＧ[1]，石油價格將永遠不再回升。

到底，這幾年市場對原油低價的評估是正確的理解？或是如同負油價一般，僅是暫時的恐慌導致？我推測，這樁謎案的背後，說不定有難得的投資機會。

人人喊打，石油業血流成河

當時，只要和石油相關的行業都成了過街老鼠，人人喊打；股價與期貨也在低點賤賣。

二〇〇八年開始，原油價格觸及高點（一百四十六美元）後，便不斷往下跌。二〇一六年美國因為大量開採頁岩油，導致庫存過剩，原油價格更探底到每桶三十美元。

石油公司股價在過去十年間的變化可說是血流成河，最顯著例子就是跨國石油公司艾克森美孚[2]的市值跌落。

二〇一四年全美第二大企業艾克森美孚的市值，與蘋果僅有一小段差距。到了二〇二〇年，蘋果市值上升到兩兆美元，艾克森美孚的市值則蒸發一半，只剩兩千一百億美元，不到蘋果的十分之一。

這些慘不忍睹的數字，使得投資人對於石油市場只能用「冷卻、絕望、放棄」來形容。

不過這樣屍橫遍野的慘況，卻也是價值投資者求之不得的氛圍。若要破解如此死傷慘重的謎案，我必須先找出「凶器」。

我攤開家裡的能源開銷帳單，發現金額不僅沒有降低，每年還繼續攀升；代步的汽車油費也沒有減少。這些能源現金流，最終跑到哪裡去了？相對的，我好幾年才換一支蘋果手機，為什麼股市一味偏向科技股？

放眼市場，當時普遍看好綠能。例如晨星報告指稱，二〇二〇年第四季度全球永續基金資產創下一・六五兆美元的歷史新高。

---

1 ESG為三個英文單字的縮寫，分別為環境保護（Environment）、社會責任（Social）、公司治理（Governance），於二〇〇五年由聯合國提出，提醒企業應將這三大要點納入企業經營評量標準。再生能源是其中的重要項目。

2 ExxonMobil，是全球大型跨國石油、天然氣公司之一，總部位於德州。

在此同時我也觀察到，市場中高舉「綠色旗幟」的聲音，正在告訴大家：傳統能源因為不環保、不永續，已經走入窮途末路；破壞大氣層的石化工業更是人類的第一號公敵，必須從實體經濟中鏟除。

反觀貼著綠色標籤的股票，包括我手中的最大持股特斯拉，股價持續創歷史新高。所有太陽能、風電、電動車的行業都頂著環保的皇冠，估值遠遠凌駕於傳統能源業之上。我對幾家電力公司進行估值分析，發現只要有再生能源的光環，股票市值至少高出同業兩倍之多。

石油賤價拋售，謎案待破

這讓我回想起一九九〇年代後期的電信業、二〇〇〇年.Com泡沫化、二〇〇〇年代中期房地產市場，以及二〇一〇年代初的太陽能產業。

股市有時會迷失在現實與預測的邊界，把遙遠的未來憧憬直接視為現金流。再加上華爾街魔術般為每一次大趨勢添上一層層迷人故事，增加資產的價值直覺。動人的故事與美好的預期，最能帶動投資大眾的牛性。這些天方夜譚的股價如何結尾？只要問曾在泡沫中被套牢的投資客都知道。

盲目追逐大趨勢的資金洪流，最終會變成大虧損。這些歷史教訓，讓我對具有良好增長前景，卻資金過度擁擠的行業，保持謹慎投資態度。這番思考論證，勾勒出謎底的第一個線索：股市正在極度高估所有貼著綠色標籤的企業，同時在不合理地拋棄傳統碳基產業。

石油價格轉負的那天下午，我例行外出健走，經過了舊金山的海港區，看到一群頹廢的青年正在輪流享受大麻帶來的快感。加州是美國第一個通過大麻合法化的州，經過好幾十年的法令嚴禁，政治家仍然無法抑制民眾對大麻的需求，最後功虧一簣，政策終究得退讓，讓自由市場調節供需。

這讓我想起經濟史上有好幾個相似的故事——政治家每每企圖迎合當代大眾的價值觀，司空見慣的手段是透過打壓政策來抑制被公認「對社會有害」的商品。一九二〇年代，美國保守的民風促使國會通過了憲法第十八條修正案，嚴禁國內酒類的釀造和銷售，即是所謂的禁酒令。一九七〇年代的石油危機，導致尼克森政府為了抑制飆升的油價，試圖以汽油配給的方式限制能源供需。這兩個政策，最後的結果都是公認的失敗。

這兩個歷史事件指明，人為政策對抗自由市場供需調節的博弈，結局都與當代的大麻自由化一樣，政治家最後還是屈服於市場的力量。

我心想：「說不定這些大麻癮君子為本案提供了第二條破案線索。」

環保與氣候正義占領市場

環保無疑是重要的議題，綠能也是長遠必然的趨勢。我在任職日興（日本第二大資產管理公司）投資長期間，曾撰寫好幾篇文章，提醒同事關注綠能投資窗口。近幾年，永續投資的潮流卻有突變的徵象，已不再是投資業純粹想改善社會的意願，而是慢慢轉變為一種政治工具，成為各方爭取影響力的擂台。

舉例來說，二〇二一年五月國際能源署發布了一份具有里程碑意義的報告，呼籲立即停止對石油和天然氣勘探，建議投資人不應再投資新的石油、天然氣與煤炭供應項目；屢有激進者闖進公共信託基金董事會議現場引發騷亂，要求必須從這些破壞大氣層的產業撤資。

在此起彼落的環保聲浪下，市場對於石油業的投資日益消極。公家基金開始抵制石化業，銀行業也日益疏遠，並拒絕提供貸款給新的油井、礦脈開採案。

我警覺到，政策與席捲全球的環保口號有如「隱形殺手」，不但強力干預市場的運作，還切斷了傳統能源的資金來源。

今日的氣候變遷運動，就如一九二〇年代的禁酒令，已經透過政策與各種管道，企圖壓抑人類的某些基本需求。禁酒令最終被廢除，大麻走向合法化，這些經濟史的實例都指向結論：沒有一項歪曲供需的政策能夠長久干預市場。到頭來，市場的力量還是凌駕於政策。

只要人類有需求，自然有供應產生，而調節供需的機制就是自由價格的形成。也因此，我合理懷疑，被「綠色綁架」的市場，估值還可靠嗎？

從這番自問自答的論證，我隱約瞥見了剛擊中石油產業的那把手槍，仍冒著煙。

抽絲剝繭——世界將要拋棄石油了嗎？

許多人說：「綠能與傳統能源就像一場零和遊戲，不是你死就是我亡。而且綠能將會很快取代傳統能源。」

當我問：「人類的發展與生存，真的不再需要石油了嗎？」他們都能斬釘截鐵地回答：「傳統能源，如石油，將要成為過去式。」

這樣的看法，不僅僅出自於新聞媒體或是我周遭朋友，更清楚地表現在市場上。

翻轉低估油價的迷思

舉例來說，二〇二〇年左右，石油業的本益比大概只有四。這是什麼意思？這表示，投資者只要拿某石油公司四年營利，就可以買下這家公司的所有資產，包括其公司擁有的油田中所有的石油！

當時的市場，認定這就是石油業的合理估價。意味著，二〇二五年之後，大多數油田將成為「擱淺資產」，也就是經濟學家對零價值的委婉說辭。

許多公家基金被限制投資碳能源，猶如被上銬，無法配置相關產業；很多上市基金不想受攻擊，而避免納入傳統能源類股；若干基金的風險控制設定了止損點，如二〇二〇年石油類股造成的損失，迫使許多基金減持或者出局。

到此，謀殺石油業的意圖、凶器、手法都罪證確鑿。下一步，即是替被害者申冤平反，或是判定死有餘辜。

投資研究與破案一樣，都必須聚焦於不可否認的鐵證，以求再現青天。

「權威機構就一定正確嗎？那可不一定。需要多方檢證。」妻子練琴，正在彈著蕭邦的夜曲，樂音悠揚。我將沖好的咖啡放在案頭，開始查詢關於能源用量的原始數據。

做投資的一大職業病是經常會忘記股價最終應是反映民生所趨，每當金融市場與實體經濟背道而馳，股價將岌岌可危，這常是股市大波動的徵兆。

當我找出美國的總消費量數據，發現一九九〇年到二〇一九年，美國人在能源的消費比重沒有減低。甚至現今生活還需要更多的能源與電力，無論代步或是飛行工具仍然直接或間接使用石油。各種裝置都需要用電，尤其現代人不可或缺的手機與雲端運算更是用電最兇。

我還發現，美國的用油量只占全球的五分之一，近年用油量的成長都集中在發展中國家。第三世界國家人口高速激增，同時還要面對發展經濟的壓力，國際機構預測這些國家的用油量在未來二十年間將會持續增長。

高速動腦，時間流逝特別快。當妻子喊我吃飯時，我不知天色已暗。我心思還在翻來覆去檢視愈來愈明確的發現：

石油業低落的股價似乎完全基於被扭曲的市場價值觀，並非反映實際上的需求。然而一時的好惡偏見無法推動飛機，沒有火力發電，人工智慧與ChatGPT也無法運行。

石油類股的價值，勢必需要重估。

在綠能的樹根下，我挖到了……

我抬頭看向家中的空調，湧上疑問：「綠能真的很快要取代傳統能源了嗎？那麼……我家的電是來自綠能嗎？」

我居住在加州，相關綠能發電資料很好找。很快地，我就查到加州有一個超大規模的太陽能發電站，位於莫哈韋沙漠的伊萬帕太陽能發電設施。

這個設施共有約十七萬片太陽能板，按照彭博社的報導，每天發電量可供十四萬戶加州居民使用。但攤開加州能源委員會的資料顯示，其發電量僅為目標的一半，原因是：日照時間不足。

我發現，即使美國多年來已經快馬加鞭推動綠能，其占比仍然相當低。以二〇二〇年為例，該年可再生能源發電量，剛超過全國總用電量二十%；而每年成長率大約一％。

而且，綠能中的重要支柱：太陽能，十分「看天吃飯」；天氣好，發電量就足夠；天氣不好，發電量就不夠。至於不夠的部分該怎麼辦？

深入調查之下，我發現在可預見的未來，絕大部分的發電量，仍然來自碳基能源，如天然氣發電、燃煤發電。

「綠能不會憑空出現，也需要設備與機站；而這一切，又需要生產過程。」我一邊尋思，一邊從各種資料中查找得知：

建造太陽能發電站需要的設備，包含鍋爐、基座、太陽能板等等。

鍋爐與基座是鋼鐵與水泥製成，提煉鋼鐵、製作水泥要耗用的能源，從哪裡來？

是煤。

是什麼驅動機械挖掘？製作太陽能面板耗用的能源從哪裡來？製作出來的成品，還需要運輸、清潔維護，這背後最主要的能源是什麼？

都是石油。

美國使用極多的生質燃料，原料來自玉米；玉米栽種需要肥料，其種植、運輸、提煉，背後的主要能源是什麼？

還是石油。

當我一層一層挖掘探詢，答案呼之欲出。查閱愈多資料，我愈發得到結論：無論是太陽能還是風力發電、生質能發電，都無法獨立發展與運作，仍高度仰賴石油。

我把這些觀察與見解寫在一篇文章中，與其他關注投資的友人交流：「現今社會對綠能充滿極樂觀的聲音，但似乎忽略了綠能尚在萌芽期。現在如果沒有石油，就立刻沒有電力；沒有電力，什麼科技都動不了。如此基本的邏輯人人都能懂，但整個市場卻選擇忽略。」

實現最好的心願，得先有最正確的眼光

雖然我關心氣候變遷，但我看到了在綠能準備好接棒之前，停止石油燃料供應才是個真正全球性危機。

二〇二〇年的社會氛圍，幾乎已經認定了在充足的資本和政策的強力支援下，

綠能足以帶領人類社會走進美麗新世界。

然而事實恐非如此。

實現乾淨能源將有一段漫長的過渡期，傳統能源在此期間將繼續作為人類社會的動力來源，不可或缺，難以替代。如果盲目而衝動地壓抑石油和天然氣供應，極可能導致下一個能源危機。

某次飯後，我打開朋友推薦的一部紀錄片《*Planet of Humans*》[3]，其中的主角走遍美國，實地勘查，揭發綠能的種種疑點，包含支持綠能運作需要大量傳統能源，完全印證我所想。我看得欲罷不能。

影片播畢，我從自家眺望遠處金門大橋下，一艘燃油長榮貨櫃輪船緩緩駛過，我不禁猜想，貨櫃裡裝的，會不會就是生產太陽能面板、基座的重要材料呢？

這一刻，我想起舊金山歷史上淘金熱時代的一句話：「賣鏟子的比淘金客更賺錢。」比起綠能本身，挖掘綠能的「那把鏟子」，更是我的投資對象。

---

3 由邁克爾．摩爾（Michael Moore）執行製作，於二〇一九年上映的美國環境紀錄片。

銅博士，你的訊息被誤解扭曲了嗎？

期貨圈有句話流傳甚廣：「銅是擁有經濟學博士學位的金屬。」有博士之稱的銅，長久以來，其用量與全球經濟成長率密切關聯。因此我長期追蹤銅價，藉此關注全球的經濟狀況。

當油價被殺到谷底之時，銅價也從二〇一一年平均每磅約四美元，跌到二〇二〇年平均每磅約二．八美元。如此的跌幅，反映了環保行動長期以來極度排斥礦業的現象。眾所皆知，原因與石油如出一轍：礦業對環境造成汙染。

然而上過中學程度化學課的人都知道，銅是僅次於銀的最佳電導體，沒有銅，綠能如何進入千家萬戶？

我捲起袖子，開始調查銅價跌落的來龍去脈。發現此過程與石油驚人地相似。

綠能血管與骨骼的材質

銅博士之所以左右著經濟發展，是因為製造任何電器、電氣化的過程，一定需要用到銅。舉凡手機、家電、電線、電纜、發電機等等，都一定有銅金屬。

當綠能革命如火如荼地展開，無可避免地需要更多電池；而無論是哪種電池，都需要大量的銅。且當綠電擴增，電網也需要增建，對銅的需求數量只會有增無減。也就是說，當資本不斷湧入綠能產業，其實也提升了對銅的需求。

投資銀行富瑞集團的資料，讓我對於再生能源對銅的需求量，有了非常完整的估計基礎：

- 一輛電動車平均需要八十三公斤的銅，是燃油車的三至四倍。
- 一個電動車充電站需要十公斤左右的銅。
- 每兆瓦發電容量的太陽能設備大約需要五公噸的銅，是傳統燃料發電的五倍。
- 每兆瓦風電機大約需要十五公噸的銅，是傳統燃料發電的十五倍。

當我看到這些數據，我對於未來綠能世界對銅的需求感到吃驚。綠能的整個系統，其血管與骨骼根本是由銅所鑄造。隨著能源生產來源從碳氫化合物轉向可再生能源，動力來源將是電池而不是內燃機，我確定銅在未來的需求只會有增無減。

我在筆記本寫下此時心中的問題：「如果需求不斷上升，銅的供給是否充足？」並用力劃了兩條底線。

銅博士小聲耳語：綠色通膨將要來臨

隨著電動汽車產量和可再生能源發電不斷增加，專家都預計銅供應將出現不同程度的短缺。

若未來的短缺已可預期，那應該加緊投資開採與生產吧？然而實際上這樣的情況並沒有發生。

在過去十年間，金屬礦商的資本支出一直處於穩步下降的軌道，二〇二〇年的資本支出甚至退回二〇〇七年的水準，且僅有二〇一〇年的四成。考慮到一座新銅礦從開發到實際生產，需要十年以上，甚至數十年的功夫。我們可以預估：銅金屬將陷入短缺，而且短時間內將難以解除。

當短缺已成定局，價格勢必會水漲船高。

形勢已經相當明顯：在未來幾十年能源轉型路上，銅金屬價格將會因為供不應求不斷上漲。這現象可以稱為「綠色通膨」。

當我確定銅未來將會供不應求，下一個問題是，價格會漲多少？

準備好，迎向銅的超級週期

攤開歷史數據，可以看到二〇〇三年到二〇〇八年之間，國際銅價翻了近四倍。該期間的牛市背後助力是中國經濟崛起，對於銅的需求量大增。銅價漲近四倍的同時，銅礦商的股票漲了五至十倍之多。

我又花了一個下午，回溯一九九〇年代銅的需求量、供應量，進行數據分析，看看中國崛起那十年對銅需求增加量與價格變化間的關係。

結果令我驚訝。

二〇〇〇年代中國的崛起，造成全球銅需求量比一九九〇年代每年約增一%；光是這一%供需偏差，就帶動了銅的市場價格飆漲五倍。此外，一九六〇到一九七〇年代，因為日本、德國崛起，加上石油危機，銅價也翻了三倍。

這驚人的價格漲幅，讓我視線停在電腦螢幕久久無法轉移。多次檢核資料與算式，確定並沒有錯誤。

我評估，二〇二〇年後，銅的大牛市將拉開序幕，並可以持續近十年之久。當我們回顧這一時期，可以稱之為「綠色商品的超級週期」，這會是一個通貨膨脹較高的時期，但也是人類面對能源轉型所必須付出的代價。

如果電動汽車和可再生能源取代傳統能源的預測成為現實，由此產生的銅需求，極可能超過中國上一個大週期的需求。

發現世界的謬誤，是投資者的天職

我持續收集閱讀關於銅的市場與歷史資訊，但逐漸發現，基本上各家銀行發布的分析、財報、研究報告所呈現的資訊，都是我早已收集到的資訊。

甚至我看得出來，很多所謂的「資訊」，絕大多數其實是「意見」，並沒有可靠的事實佐證。

華爾街每天生產出好幾噸的研究報告、公司財報分析；其中許多都只是言之成理的意見。當然並非所有的意見都沒有價值，但是看待意見必須抱持警覺，因為其中不可避免地，摻有發表人的偏見與邏輯錯誤。

市場有如一群盲人，一旦有人說出新論點，價格有了反應，大家就以為是明眼人的福音。一傳十後十傳百，結果這個論點就變成了共識。然而真正的資訊應該是原始數據，還要經過獨立思考判讀，仔細篩選，才不會被市場雜音牽著走。

我每天嘗試分解這些意見，好像剝洋蔥一樣，一層層去掉外皮，直到看見核心的邏輯與論證基礎。[4]

從一連串的探案分析，我終於能得出結論，造成石油與銅在二〇二〇年踏入價格谷底的是不理性的過度悲觀，以及被扭曲的價值觀。更有大量投資人認定人類社會將無法走出疫情影響，庫存大量剩餘將長期存在。這些現象在短期內可能會發生，但當時間範圍拉長，情況可能有極大變化。

我必須把眼光放得比市場遠，疫情遲早會過，庫存會下降，實體經濟的供需法則會逐漸將原物料市場推向常態。況且，如果綠能逐漸替代碳基能源，銅會在未來綠能發展扮演重要角色，未來世界會需要大量的銅。

石油和銅的大漲，已是必然。是時候出手投資了。

4 對我而言，真正的資訊是原始數據，有很多管道可取得，像是彭博社、公司與政府機構的網站、經濟專家研究報告等等。透過大量涉獵資訊，擴大自己看得到的地平線。

破案變現，正視實體世界的人將得報酬

工欲善投資，鑵子有講究

當我識破了石油與銅不合理價格背後的原因，並確認綠能環保趨勢將不可沒有這兩樣重要商品，我接下來要思考的是，如何轉化為投資策略？具體而言：我要投資什麼？

在投資市場上，有這三類選擇，各有不同的性質與獲利型態：

- **期貨**：只要商品漲價，期貨就會跟著漲。以石油與銅來說，既然已經確定將來會漲，最直接的作法就是購買期貨。
- **指數股票型基金**（ＥＴＦ）：我看好石油與銅礦整體產業的股價走勢，指數化投資就是個合適的選項。期貨易受短期事件影響價格；但反映產業整體行情的指數股票型基金通常波動較小。
- **公司個股**：個別公司，可能因為經營得當、擅於引入新技術、成功投資開發新的油田或是礦脈，因而股價表現高於產業平均。因此，只要眼光看得準，直接購入石油與銅礦生產商的股票，會是最有賺頭的投資方式。

如果說綠能是一片金礦，那石油與銅礦就是淘金用的兩把鏟子。手握兩把鏟子的我，接著要好好運用，替我帶來最大價值。我看見的是三種投資策略都有獲利的潛力，且風險在我可控範圍內，我決定三種都買。我的策略是，在商品價格與生產商股價之間取得平衡，因為前者跑得快，後者跑得遠。

如何相中銅礦業的千里馬？

期貨與ＥＴＦ相對單純，而股票必須慎選公司，好的公司就如同寶藏，若是發掘，可以不斷提供豐厚獲利。

以銅礦商為例，長遠來看，綠能革命將需要越來越多的銅。此效應成形將需要數年時間，並影響銅礦的現貨價格。在這種情況下，我認為一個審慎的策略不是急於求成，而是逐步積累一籃子長期的銅礦商，在未來兩年內系統地逐步買入。

那我該如何找到有潛力、還未被太多人注意到的公司？

我上網鍵入銅礦商搜尋時，首先映入眼簾的是幾間知名的大型銅礦商，如必和必拓[5]、自由港公司[6]、嘉能可[7]等等。

這些大礦商雖然體質好、收益穩定，但是我判斷其收益潛力都早已經反映在股價上，公司股價只會跟著銅價跑，沒有更大爆發力，不是我的主力投資目標。

在我針對銅礦公司做功課的過程中，有兩個名字不斷出現，分別是羅伯特・費里德蘭（Robert Friedland）與阿道夫・倫丁（Adolf Lundin）。這兩個名字勾起了我的興趣，於是找出他們傳記詳讀。

一讀之下，深覺相識恨晚。這兩位在礦業界都是無人不知、無人不曉的大人物。費里德蘭從一九八〇年代就開始探勘礦產與能源，成立了艾芬豪礦業[8]，著力銅、鋅、鉑等金屬的探勘開發。他先後成功地發掘了位於加拿大、蒙古、非洲剛果的巨大礦脈。

倫丁從一九七〇開始投入石油探鑽、採礦事業，創辦了倫丁集團，旗下有十一間獨立運作公司，包含費洛礦業、NGEx Minerals等等。他的成名作包括在卡達發現世界最大的天然氣田、在智利阿根廷高山上探勘到巨大金、銀、銅礦脈。我讀到他死之前的名言：「幹小事其實與幹大事同樣的費時間與費勁，那麼與其幹小事得小成果，我寧可追逐幾乎不可能實現的大夢想。」竟然和我的人生觀極為相似！

兩位企業家的生平，帶給我有如伯樂遇駿馬時的欣喜激動。無論是倫丁的遠大目標，還是費里蘭德的勇於投資，都與我的理念不謀而合，也讓我決定投資他們的遠見，成為我持股占比的前五大。

逆勢買入，日久見獲利

二〇二〇年通貨膨脹開始加劇，讓我相當有感，從一串面紙到一部車，樣樣齊漲。我很快意識到，高通膨的環境下，正是投資銅與石油的好時機。

根據瑞信研究百年回報率報告指出，通膨環境之下，大宗商品（包含石油與銅）是唯一能賺錢的資產。而且，過去一世紀的數據證明，投資大宗商品的回報率與股市相近，相互關聯性是負的（大宗商品價格下降，股價上漲；大宗商品價格上漲，

5 BHP Group，世界上最具規模的綜合礦業公司。
6 Freeport McMoRan，世界主要銅礦生產商之一，以及最大的金礦生產商。
7 Glencore，全世界最大的礦業、能源公司。
8 Ivanhoe Mines，南非主要礦業開發公司之一。

股價下降）。從反脆弱的投資目標來看，將大宗商品資產納入投資組合，絕對是明智之舉。

二〇二〇年六月開始，我針對石油與銅規劃了三種投資部位：期貨、ETF、個股。

最核心的部位，由大銅礦商股票構成。圍繞在核心外的衛星部位，則由初級銅礦商[9]的股票構成。雖然初級銅礦商具有較高風險，但也可帶來更高的回報。

其他次要部位，則是以石油與銅的ETF、期貨為主。另外還有部署英國石油公司BP的期權交易。

我認為銅與石油將迎來超級週期，並且推論，減碳運動會造成傳統能源需求量持續上升，直到綠能獨挑大樑，而那還需要好幾十年。尤其二〇二二年的烏俄戰爭，引發歐洲大量退回使用煤炭發電，碳強度（Carbon Intensity）更高於石油，印證了武斷抑制使用石油的減碳原則是錯誤的。

到了二〇二二年中旬，銅價最高曾上升超過五十%，石油價格則曾上升超過二〇〇%。甚至在二〇二二年股市跌時，能源股還成為一枝獨秀正報酬率的產業。

我預期兩方向的投資都會有顯著的回報。

對於石油與銅的投資心態，我抱持長期持有的信心與心理準備。

你也可以，打造「破案式投資策略」

從石油崩價到抽絲剝繭找出背後原因，以及發現綠能趨勢對銅金屬的高度需求，一步步深入挖掘出真正的投資良機——我把這過程形容為「破案式投資」。

我細述許多投資的思路與回報，並非要凸顯我的眼光多獨到、不是要炫耀報酬有多豐厚，而是希望借此個案帶領大家理解，如何找到你的「投資大案」與「破案線索」。

有時候市場被「看得見的手」干預，讓某些資產價格產生扭曲。如果我們投資人可以「破案」，就能得到豐厚報酬。

9 指處於開發和探勘階段的銅礦公司。

蘊藏投資機會的「案件」，怎麼找？

打開手機，我們總能看到許多「看得見的手」試圖操控這個世界。首先，是某個趨勢話題出現——也許由意見領袖提出，也許源於社會運動——各大媒體爭相報導，吸引投資人的關注。例如一九九〇年代末互聯網的蓬勃發展；二〇〇六年溫室現象被推入世人的視野中。

若把關注期間拉得更長，還可列出百年前的鐵路和電氣革命。當話題受到炒作，熱錢湧入，立即把相關的資產價值推上浪尖。這就是常見的泡沫形成過程。

回頭看大趨勢，其實當時人們並沒有看錯，熱門行業的確都快速發展。錯在竟少有人看穿：市場情緒受到刺激挑動，價格變化遠超過合理範圍，期待與現實之間已出現巨大差距。

反過來說，有時候主流的媒體輿論會把某種資產說的一文不值，順著眾人的厭惡而落井下石。比如《經濟學人》一九九九年的封面預測油價將跌至五美元一桶；二〇一一年的封面看衰科技股；有些讀者可能記得二〇〇三年受 SARS 衝擊過後的台灣和亞洲房市降至冰點，大批專家都看衰。

每當市場的情緒與現實相悖離，甚至越走越遠，不管是激情造成的泡沫或是誤解造成的冷落——這就是等待我們偵破的投資謎案。

身為投資人，我們要當看清局勢的牧羊犬，而非隨群盲動的羊隻。

然而，當市場中多數人都判斷失準時，我們如何保持清明，洞穿真相呢？

蘊藏投資機會的「案件」，怎麼破？

人們常常會因為市場的聲音太大，而無法維持明澈的思維，看見事實。建議運用這些方式，找尋破案線索，並化為自己的投資機會：

1. **檢視真實數據**：最容易看出不理性市場的數據就是本益比。避免依賴別人的看法；報告越精美，背後的偏見越大。自己挖掘原始數據，以獨立思考來偵查真相。
2. **回歸實體面**：我常常提問，如果某趨勢為真，成立要件是什麼？情景是否可信？以本章為例，人們誤認為綠能可以一次到位，但更確切的情景卻是漫長而漸進式的過程。
3. **發現矛盾之處**：認清實體面的基本事實，就很可能發現矛盾的地方。經過一番對證，我發現石油的真實供需曲線與市場的看法之間有明顯的矛盾。聽完故事，我們都要找尋基本面的佐證。

當市場陷入非理性，是冷靜投資人的機會與責任

當一個人在劇院大喊：「失火了」，無論事實上有沒有失火，都會引起恐慌，造成群眾互相推擠，甚至踩踏。

以本章為例，能源轉型並非能源減縮。集體歇斯底里或者集體瘋狂的起因，都是因為錯誤的判斷經過不斷傳播，進而成為普遍的共識，扭曲了價格。投資者只要將眼光放遠，自然能夠跳出市場誤判，看清實況。

請絕對不要忘記金融市場是實體經濟的投射，實體經濟是主，金融價格是客。可惜，許多投資人與金融從業人員經常本末倒置。

當市場出現有人高喊「石油不值錢！」引起了恐慌，我會先去找各種實體經濟的資料，驗證這說法是否為真。像是GDP、人均石油用量、燃油車使用比例等資料，結果發現根本不是如此。

正視實體經濟，才能發現市場的錯誤。當市場發生錯誤將導致趨勢進展無效

率，甚至浪費了珍貴的資源。

身為投資人，當我們偵破市場的錯誤，無形中也是透過自己微薄的力量，協助矯正扭曲的市場。當石油業與礦業繼續受到合適的重視與運用，人類憧憬的乾淨綠能未來，其實可以更快、更順利地實現！

在本章中，我們探討了如何找出最值得破的案。許多人可能好奇：該如何發現蓄勢待發的潛力股？下一章，就告訴你。

第二章

大局投資法

——企業股權評價

使命愈大，獲利愈大，

布道者的腳印下是金礦？

前言

時間回溯到二〇一五年，世界快速朝向雲端、數位科技邁進。當全球充斥著各種新科技與趨勢，隨之出現的新興企業不勝枚舉。這些企業，無不為了未來的新世界提供最合適的解決方案。然而，該如何從中找到最有價值的投資標的呢？

主流的金融分析從企業的營運數字著手，如產品銷售量、淨利潤率等等，這些數字是華爾街專業投資家估價的依據。然而，當我徹底分析過這章的主角，得到的卻是完全不同的結論。

如果只聚焦於看得見、摸得著的當下數據，等同是在藐視志在扭轉乾坤、滿腹革命情懷的潛力企業；若只專注於當下的現金流，將會忽略了顛覆者對未來大格局的展望。

鴻鵠之志，燕雀安知。有時候，股市的短見，猶如小麻雀的眼光。但也因為如此，替我們製造了百千倍的罕見機遇。

汽車產業電氣化革命，改寫產業大局

「這家公司就是個騙局，根本沒有營利，怎麼可能與福特、通用汽車這些大車廠相提並論？」

「它的股價確實是很高！比福特還高。你覺得所有投資者都是笨蛋？」

走向茶水間時，我聽到爭執的聲音，刻意停下腳步聽一下同事們的討論。

「但也有一大堆人做空它啊！做空率到二十幾個百分點。」

「而且馬斯克這個人好像什麼都想做，前陣子不是還發射了火箭，還說要送人類去火星。他真的有辦法管理好特斯拉這家公司嗎？」

我問了其中一個同仁在聊些什麼，他回答：「我們在討論最近很紅的一家美國電動車公司，特斯拉。」

我當時在日興（日本三大資產管理機構之一）任職投資長；特斯拉遠還沒有達到後來的成功，有許多人懷疑它的願景，根本是新聞炒出來的泡沫或商業幻夢。

茶水間的針鋒相對，其實在股市上早已鬧得沸騰。爭執的主角，是最新科技趨勢中評價兩極化的對象。我從骨子裡感到投資行業也會受到波及，決定要找出問題的答案。

汽車產業已成熟穩定，還能後來居上嗎？

成熟、週期性、獲利穩定的汽車產業，已經很久沒有出現能引發投資人熱情關注的新議題了。

我點開統計數據，顯示從一九八〇年到現在，美國人民每年總消費大約五％花在汽車上。從 S&P 500（標普 500）的市值來看，交通製造業大約占全股市的四～五％。原始數據上沒有矛盾。汽車產業雖然偶有好的表現，但沒有大幅成長的空間，並非我會想要投資的對象。

然而傳統汽車產業穩定局面，已受到明顯的挑戰，來自一家橫空出世的公司。特斯拉一問世，就推出純電的電動車。到了二〇一五年，已經有不少傳統汽車大廠，包含了日產、寶馬、福特、通用、賓士等等，都紛紛投入電動車這個新戰場。

不僅如此，日興持股的企業當中，有一家專做電動車的公司——中國比亞迪。甚至巴菲特早在二〇〇八年就買進比亞迪一成股份。但日興並沒有買進特斯拉股票，巴菲特也沒有。

傳統車廠握有紮實的生產經驗與成熟的銷售管道，特斯拉與他們競爭，是不是以卵擊石？巴菲特曾說：「一百年前汽車剛問世時有兩千家廠商，如今只剩三家存活，絕大多數都已經消失於歷史洪流。」這對企圖翻轉汽車產業的特斯拉來說，是預言嗎？

大局將發生板塊變動？不能坐以待斃

愈想，我就愈對電動車與特斯拉的前景感到好奇。

我拿起白板筆，開始畫樹形圖。

首先，電動車將主宰未來汽車市場嗎？或者，它不會成為主流？

如果電動車沒有前景，特斯拉的股價就是泡沫。

如果電動車是趨勢，意味著原本成熟、穩定、少有波瀾的汽車產業，整體大局將要迎來板塊變動，而領先投資趨勢的人，將能獲得巨大的報酬。

如果未來電動車將取代燃油車，特斯拉能否成為重要大廠之一？或甚至成為最有競爭力的電動車龍頭企業、對消費者最具吸引力的品牌？

食衣住行，汽車業攸關人類四大必須生活品之一，新科技崛起必然掀起震動，勢必影響到投資行業的走向。我知道自己不能置身事外，在局外無異等死。我得入局，看個究竟。

談車，先談性能

關於特斯拉的爭論，一開始，就是環保與傳統的對抗。環保派認為未來是綠能的世界，高喊電動車為必然的趨勢；保守派則針對電動車的續航力不如燃油車作為反對論點，他們認為單以性能比較，電動車難以與發展數十年的燃油車相比。

經過一番實況調查，我發覺事實與爭論有所出入。以加速度來說，特斯拉的Model S P90D，已經突破燃油車最快的瞬間加速度。

早期電動車的續航力被很多人質疑，但到了二〇一五年，特斯拉充飽電一次，最高可以跑五百公里，已經與燃油車相當。

在安全性上，電動車由於電池放置在車輛底部，因此電動車的重心比燃油車更低，可以提高車輛穩定性與操控性。

至於一般消費者最在乎的省錢部分，電動車其實更省能源開銷。與同級車比較，一美元的電，特斯拉 Model S 能跑三十三公里；一美元的油，賓士 S550 只能跑十四公里。相差超過兩倍！

從電動車優越的數據資料，我看見的是，電動車在性能表現上已經與燃油車旗鼓相當，部分性能如加速度和安全性反而已超越燃油車。

走向大眾，必要追求成本優勢

買車，一方面看性能，另一方面則看價格。如果電動車要成為大眾車款，其價格不能高於燃油車，甚至要更低。

電動車平均單價比燃油車高出一大截。從車子的單價，可以看到電動車比較花錢。然而當我們細看動力系統，會發現相較於傳統燃油車，電動車更簡單，所需要的零組件較少，生產過程相對簡化。儘管電動車初期生產成本較高，但隨著產能提高，技術也會日益精熟，生產成本將會有相當大的下降空間。

這是研究顛覆性科技不容忽略的重要環節：隨著產量增加、技術不斷更新，成本曲線會急速地下降[1]。亨利．福特是第一位驗證這個定律的先驅，並開啟了汽車

---

1 稱之為萊特定律，隨著產量提升，生產成本會以一定比例下降。

大眾化時代。

福特於一九〇八年推出Model-T，剛開始售價為八百五十美元，不到十年，降到三百六十美元。循著同樣的軌跡，英特爾的創辦人提出的「摩爾定律[2]」也印證了半導體產業半個世紀的發展。

直至今天，無論是萊特定律，還是摩爾定律，這些顛覆科技的鐵律，仍然庇蔭著數位科技發展的骨幹企業，如台積電、AMD、NVIDIA。

然而，傳統燃油車生產線已經相當成熟，成本不再有壓縮空間。而且隨著環保法規日趨嚴格，傳統燃油車勢必增加生產成本。燃油車的價格將難以再往下探，甚至可能漲價。

對比之下，電動車不需要每年定期保養，也不需要定期更換機油、電瓶；光是每年定期保養的錢省下來，一年就可以替消費者省下數千元至上萬元不等。這還不包含各地政府對於電動車的額外補助金。

這樣看起來，電動車有極大的可能取得價格上的優勢。

海馬非馬；電車非車？

一開始，我是以研究汽車的角度理解電動車。後來，我發現「車」的概念侷限了我的想像。

最令我印象深刻的例子，是後來二〇一七年佛州颶風事件中，特斯拉提供車主的緊急應變措施。

那一年，佛羅里達州受艾瑪颶風侵襲，許多民眾為了逃避風災，長途開車撤離至安全地區。好些細心的特斯拉車主發現，在撤離的時候，他們車子一次充電可用里程數竟然增加，讓他們大感意外。後來特斯拉出面證實，他們針對位在颶風侵襲範圍內的特斯拉電動車發送了雲端更新，提供額外里程，確保所有車主安全撤離。

雖說這是後來才發生的事情，但在二〇一五年時，我已經看到電動車營運系統方式的巨大潛力——電動車可以直接透過雲端更新作業系統，進行電動車升級或是狀況排除。

這哪還是車的運作邏輯？

傳統燃油車功能限於交通，組裝完成後就固定不變，一開出廠就開始折舊，價

2 尺寸相同的積體電路上可容納的電晶體數目，會隨著製程進步而加倍。

值只會愈來愈低，使用體驗也是逐年下滑。

對比之下，電動車不只是運具，更是「裝輪子的電腦」，是一種可以不斷進化的智慧機器，可以不斷拓增功能，為使用者帶來新的體驗。

電動車產業轉型：快速且必然

從車速、便利性、效能、環保等方面來看，相較於燃油車，電動車已有顯著的優勢。

當電動車生產成本隨產量遞減，用戶將增加；當用戶變多，充電樁也會設置得更加密集，零配件、功能軟體與維修服務都將發展成更完善的生態系，使用者感受的價值會不斷提升，這就是「網絡效應[3]」的常態。

隨著我的研究日漸完整，內心的判斷逐漸底定。

在燃油車盛行將近一百年後的今日，我們將目睹全球汽車業重構洗牌，電動車很可能會成為主流，甚至遲早全面替代燃油車。

我走到窗邊，看向地面的車水馬龍，心想：「這將是一個多麼巨大的商業轉型，背後是多麼大的產值與機會。」

我不禁想起兩張震撼人心、收藏於美國國家檔案館的照片。第一張，拍攝於一九〇〇年復活節，紐約第五大道上擠滿了馬車；一九一三年，同樣地點、同樣的節日，卻不見一輛馬車，取而代之的是絡繹不絕的汽車。同樣快速、大規模的變化，如今將在汽車產業重新再現。而我們恭逢其盛！

這個覺醒，敲響了我內心的警鐘。若不參與這一輪的交通科技顛覆革命，猶如步上百年前馬匹的後塵，很可能被潮流所淘汰。

現在我將要著手拆解的問題是：能為電動車鋪開大局的領銜企業，包括特斯拉嗎？或者，就是特斯拉？

產業新局開創中，誰將領頭？

即便確認電動車是未來趨勢，且電動車真的各方面表現都較燃油車優秀，我們

3 使用某商品或服務的使用者人數與獲得的價值效益具有正相關性。也就是，該項商品或服務的效益正比於用戶的平方數。

還需要檢視：特斯拉是否會是電動車市場的最傑出品牌。

一面思考，我在筆記本上寫下三項考察方向：

- 產品
- 商業模式
- 領導人

產品會說話，勝過股價分析

我當時居住在日本東京都，上班地點與住的地方很近，去別的地區也都有便捷的大眾運輸。因此當時我並沒有買車的念頭與需求。

但我注意到，好些朋友同事換車，都不約而同買了特斯拉，令我感到好奇。我刻意和幾個開特斯拉的車主朋友聊起：「買入後感覺怎麼樣？是否覺得名不副實？」

我以為大家的感受可能略有不同，但出乎我意料的是，每一個人給我的答案都差不多：「開過特斯拉就完全不想換別的品牌。」

我再細問，多數人對於特斯拉的續航力以及瞬間加速能力頗有好評。我妹妹就這麼說道：「開過特斯拉，永遠不會再開燃油車。續航力很足夠，不需要太頻繁充電，而且不用再花錢加油的感覺真好！」

這些論點並非只有我的親友們提到，網路上更是不勝枚舉，例如 Tesla Motors Club 網站，在二〇一五年時會員數量已經超過十萬人，明顯沒有言論管控，會員卻幾乎一面倒地稱讚特斯拉的駕乘體驗。

為求更完整的佐證，我在網上找尋專業人士的評論，結果也令我驚訝。有一個工程師仔細檢驗特斯拉的車，發現特斯拉電池設計方式卓越，能解釋為何其續航力真的比其他廠牌好。同年，瑞銀集團付錢請專家拆解特斯拉，也得到類似結論，證實特斯拉的科技超前同業好幾代，且生產方式並非傳統生產線可以輕易移植複製。

經過幾番考究，我發現看衰特斯拉的熊派大多數沒有碰過電動車。我這下又逮到投資業常見的偏見：只關注財報，忽略了股價背後的大象：產品。

考察項目：產品——打勾。

賣一部車，還是完全擁抱用戶？

我已經知道，特斯拉的產品真的優良。然而歷史上推出優良產品的企業並不少，許多卻無法長期營利。特斯拉是否有優秀的經營模式，可以驅動長期發展？這是我接下來要思考的問題。

我瀏覽了好幾年前的新聞資料，發現馬斯克早在二〇〇六年就粗略地提出他對特斯拉營運的想法：「造第一部昂貴的電動跑車，以銷售利潤投入發展第二代比較便宜的車型，同時激增生產量，以銷售利潤再投入增量生產第三代更便宜的車型，一直持續下去。」

十幾年來，他的營運模式表面上就只是不斷落實這句話，但實際上複雜得多。最讓我驚訝的是，特斯拉商業模式與蘋果公司是同一派的。

蘋果之所以有如此高的價值，不僅僅是賣手機成功，更是因為賈伯斯當年在手機上採取了封閉系統，將硬體與軟體綁在一起，結果買了手機的使用者就宛如「搭上賊船」。特斯拉也是這樣一艘舒適的賊船。

我逐漸發現，汽車只是特斯拉長期營利策略的一部分，其他事業還包括太陽能、儲電系統、充電與自駕系統。隨著用戶的增加，特斯拉在能源使用的觸角和經濟效益也隨著激增，這正是「網絡效應」在發揮作用。

特斯拉和蘋果一樣，採取封閉系統設計。從充電系統到駕駛軟體，都是特斯拉自己研發。特斯拉的垂直整合是其他車廠難以匹敵的，他們連晶片都自己設計。馬斯克甚至還打算自己挖礦，賣汽車保險，要一條龍式掌控特斯拉的生產，中間每一個環節的利潤都要留在特斯拉。

而且特斯拉的市場優勢建立得很早，早在二〇一六年，特斯拉就開始開發相機影像辨識系統以替代紅外線，透過人工智慧運算，幫助提升駕駛體驗與安全性。較新的車種，全面應用影像辨識系統，等於是讓車子長了眼睛。特斯拉透過已上路的車子自動回傳數據運算，又會不斷提升輔助駕駛能力。

透過實際駕駛數據進行多年優化的結果，特斯拉的輔助駕駛系統技術遠超過同業，甚至很多人都預測，未來特斯拉的自動駕駛技術一旦成熟，且通過法令，將會取代計程車、Uber。

未來很多人不用買車，只要打開特斯拉的App，就可以叫到一台自動駕駛計程車。理想狀態下，每個車主都可以把閒置的車拿來當作生財工具——當然，特斯拉也同時賺到錢。

除此之外，馬斯克對於特斯拉的銷售與售後服務方式，也開創了汽車產業的先驅。

傳統上汽車品牌商專注製造汽車，銷售與維護都交給第三方。

而特斯拉首創汽車產業直銷形式，不透過代理商、不打廣告。想要買車，就得直接跟特斯拉買。售後維修服務，也直接找特斯拉的直營據點。

從企業營運角度來看，這種方式讓特斯拉得以輕易汲取反饋，清楚理解消費者的需求，從而研發出更符合市場需求的產品。不僅如此，省去經銷商環節，將有利於交叉銷售新能源的產品。

我發現特斯拉的經營，有明確的軸線，一步一腳印通向宏大的目標，最後幾乎可以涵蓋整個交通服務與生產製造業；且當其他車廠只是在賣一輛輛電動車商品時，特斯拉早已構築了更大的未來多元獲利藍圖。

愈是理解特斯拉的營運，我愈是驚嘆：「這樣的公司，其市值，該是蘋果加Uber 加所有汽車生產製造商後，再乘幾倍大？」

考察項目：商業模式——打勾。

想改變世界，忘卻私利

許多軼事都顯示，馬斯克不是一般的生意人。

有一次在特斯拉季度財報說明會，華爾街分析師不斷對特斯拉股價提出質疑，結果馬斯克直接回答：「如果不看好，你們都賣掉好了。」

但是當一位工程師提出關於特斯拉電動車技術面相關問題，馬斯克和他深入探討，進行拳拳到肉的溝通說明、分享他的見解，全場氣氛變得非常熱烈。無數相似事跡，鮮明塑造特斯拉創辦人的「另類」、「瘋狂」、「顛覆傳統」等領導元素。

但在公關與媒體的包裝之下，他到底是什麼樣的人？他的信念是什麼？我決定親自到特斯拉門市走一遭，找尋蛛絲馬跡。

一進大廳，一段既簡潔又鏗鏘有力的創業理念刻在牆上昭告來客：「加速世界轉向可再生能源」。我佇足良久。

在那一剎那，我懂了。我們一直在運用財務分析的手段來解剖特斯拉。站在展銷大廳，凝視著特斯拉的使命宣言，我突然意識到這不是一家企業，而是一種宗教。因為推動特斯拉的動力，不是尋求私利，而是宗教般拯救世人的熱忱。

市場上有類似的公司嗎？我很快就想到另一家巨擘。

蘋果早期的使命宣言有同樣的震撼力：「致力於賦予人類力量，讓每人都能使用電腦，從而改變思考、工作、學習和溝通的方式。」今天，從五、六歲的幼童到老阿嬤，都會使用平板電腦。四十多年前，無法想像這樣的情景。因為只有經過專業訓練的技術人員才會寫程式，而那是當時操作電腦的唯一方式。

跟隨著蘋果電腦長大的一代人必然記得，「一九八四」的廣告鑄造了麥金塔系列產品顛覆傳統的形象，吸引一代的忠實信徒，死心塌地信仰蘋果這個宗教。

新產品發表會上的賈伯斯，與其說是企業家，其實更像是一位傳教士，竭力宣揚蘋果設想中的大同世界。每次聽賈伯斯「不同凡想」（Think Different）一分鐘的廣告，我都還會起雞皮疙瘩，心中溢滿想改變世界的衝動。

我思考著，歷史上每次重大產業轉型，從洛克．菲勒、比爾．蓋茲、賈伯斯，到馬斯克，每一個創造曠世大企業的顛覆者，都是源於針對時代變化有創新的見解，帶著布道者般的熱忱與毅力，成功地解決了社會大眾最迫切的問題。

他們的動力不是為了賺更多錢，而是為了造福人群，創造一個更美好的世界。但多數世人只看到成果（巨大財富），沒有體會到他們做大事的動機。

沒有洛克．菲勒的使命感，十九世紀的能源轉換可能會更崎嶇、更緩慢。比爾．蓋茲和賈伯斯則以不同的手段，但極相似的信仰，讓我們這一代人走入了數位時代。馬斯克面對氣候變遷的急迫危機，將電動車打造成新世紀拯救人類的解方。

民眾的眼睛是明亮的，大家都知道企業的存在就是為了賺客戶的錢，所以大多數企業的使命都是為了自家的目標而寫。要能夠脫穎而出，成為劃時代的革命先行者，企業使命必然是超脫的，非利己而是利大眾的宏大願景。

簡潔而震撼人心的使命宣言，並不能保證這家公司脫穎而出，但是夢想革命時代的顛覆型企業，不可缺乏團結員工、客戶、股東的使命感。馬斯克的特斯拉和賈伯斯的蘋果就是最成功的例證。

我已經不再質疑特斯拉是否能成為電動車潮流中的關鍵企業，甚至認為它有潛力成為本世紀最成功的企業。

看空與看多，投資界最尖銳的對立

市場拉鋸戰：做空或做多？

場景回到二〇一五年，我在日興聽到同事爭辯特斯拉值不值得投資時，注意到這家公司的做空率非常高（最高到三十％），是全股市被做空最多的股票，達總股數的三分之一。意味著有很多人不看好特斯拉。

當時所有的看衰派、做空派都是專注在特斯拉估值上，堅定認為以當時特斯拉的銷售量與獲利能力，它的股價是隨時會破的泡沫，做空它才是智者的行為。

這一派人包括了華爾街的精英，例如做空專家吉姆・查諾斯[4]、身價億萬對沖經理人大衛・安宏[5]，以及紐約大學金融學教授達摩德仁[6]。當中達摩德仁教授還公開表示特斯拉股價過高，應該要打三折。

做空特斯拉的人很多，但做多的也不少，最出名的就是方舟投資[7]執行長凱西・伍德[8]。我在新聞上看見她公開闡述對特斯拉的看好，認定電動車將會快速成長，甚至預測特斯拉股價將會上漲到兩千美元。

做空與做多兩派人馬互相廝殺之下，引發的就是特斯拉誇張的股價震盪效應。我盯盤發現，特斯拉大約每三天就有一天股價超過二％以上動盪，大約每個月有一天會有五％以上的動盪，是指數的三倍。

我開玩笑說，容易暈車或者心臟病患者，不適宜搭乘這艘雲霄飛車。

股價的地基

即使我已看好特斯拉的營運前景，但其股價被許多人質疑過高，仍讓我沉思再三。「公司市值到底怎麼估算？」我們先從這個基礎問題思考起。

業界對公司市值最傳統的估計方式是「股息貼現模型[9]」，意思是把「預期未來每年派發的股息」按利率貼現計算現值；而市值除以股數就是股價。

而未來的股息怎麼估？

一般而言，公司當前的、近年的利潤是重要參考依據。若依當時的業績與利潤估算，那特斯拉的股價確實屬於根本毫無道理的嚴重高估。

---

4 Jim Chanos，紐約賣空公司Kynikos Associates創辦人。
5 David Einhorn，多空對沖基金公司Greenlight Capital創辦人。
6 Aswath Damodaran，教授公司金融與估值，他的投資經驗也經常被新聞媒體轉發報導。
7 Ark Invest，創立於二〇一四年的資產管理公司。
8 Cathie Wood，創立方舟投資，以投資破壞性創新科技公司及其基金的高回報獲得廣泛關注，有科技股女股神的稱號。
9 Dividend Discount Model

看著當時特斯拉的銷售數據，我尋思：「是特斯拉的股價被高估了，還是這樣的方法並不適用？」

錯誤的預測，九十九%的偏差

此時，我想起一個很經典的故事。一九八〇年時，美國電信業的超級巨人AT&T已經壟斷電話通訊市場；該公司僱用了最有名的顧問公司麥肯錫預估趨勢：二十年後的無線電話市場銷售量如何？

麥肯錫依據一九八〇年的市場實況，對二〇〇〇年美國無線電話市場給出推估：九十萬部。

等到二〇〇〇年時，實際上無線電話銷售量是多少？

一億零九百萬部。

也就是說，即便是麥肯錫的專家，預估值也發生了超過九十九%的偏差。

麥肯錫的分析錯在，用過去式的模型，連接上一條直線，即稱為未來式。這也是華爾街估價常用的框架，說得更明白些，就是在「看著後視鏡開車」，經濟學家和金融分析師都常犯這個毛病。

這個例子一直以來警惕著我：企圖以歷史軌跡預測創新科技的發展，幾乎是不可能的任務，容易失之毫釐，差之千里。

漸漸地，爭議的核心變得清晰：用二〇一五年的銷售數據推估特斯拉的價值，與麥肯錫在一九八〇年代預估無線電話前景，可能是同樣荒謬。如果把通用或福特的估值框架套用於特斯拉，就像將亞馬遜與街邊書店進行比較，兩者完全是風馬牛不相及。

如此估價特斯拉，其實是垃圾進垃圾出的徒勞無功，因為特斯拉倡導的未來尚未誕生，哪有數據？

矽谷創投思維：相中未來的喬丹

「特斯拉是新創公司！」我一拍大腿：「它應該要以創投、風險投資的邏輯進行估價，但因為提前上市，被市場以成熟公司的預測模式估價了！」

用成熟公司的估價方式評估新創公司特斯拉，就像利用大學入學考試評估麥可・喬丹日後的籃球潛力。這樣的評估，參考價值極低。

對一家極有潛力但銷售量尚未打開，且其倡導的未來尚未發生的新企業，用成熟企業的模式進行估價是不可靠的。對於新創企業，最核心的考量應該是未來需求、技術領先、營利模式、消費者品牌忠誠度等方面。

這種情況，必須運用矽谷的創投思維來想像未來，大膽預測，就算可能失去所有投入的資金，也無須過分擔心，因為回報也會相當驚人。

一位創業投資家曾這樣說：「我的目標打擊率要分為三分之一、三分之一、三分之一——三分之一的投資是完全虧損的，三分之一是收回本金，剩下的三分之一創造幾十倍，甚至百千倍的大贏，提供整體的投資回報。」

在我看來，特斯拉就屬於有可能大贏百千倍的投資機會。有了這樣的認知，我便知道特斯拉的股價事實上是被低估了！

回想起馬斯克的狂言，十年內要讓特斯拉市值達到七千億美元規模，我赫然發現這完全是有可能的。

如果從油到電的交通革命成真，如果特斯拉的營運模式、技術領先程度，甚至是對未來的大格局使命，足以確保未來的巨大收益，那麼特斯拉的市值追上蘋果，不是很合理嗎？

一台電動車的價格是一支手機的數十、上百倍，如果汽車電氣化是必然，且特斯拉也成為市場領頭羊，那何以股價不能達到蘋果的水準？而蘋果股價從第一支iPhone 發表到二〇二一年底，可是漲了四十八倍之多啊！

當思考愈明確，我的投資策略也逐漸浮現。現在，我該做的選擇已經不是「該不該投資」特斯拉，而是「該投多少」。

股價波動，不是核心風險

當然，投資不能只問報酬，不想風險。

傳統的風險管理概念是用風險價值（Value-at-Risk）作為基準，是以股價的波動震級來衡量某支股票的風險大小。也就是說，股價波動愈大，投資該企業的風險愈高。

如此觀念對私募股權與創業投資來說，毫無意義，因為二者皆尚未有二級市場的股價。這些高風險、高成長、高報酬的投資項目不能以風險價值這種統計學方式來衡量。

我列出了投資特斯拉三點最主要的風險：

- 顛覆型創新企業有破產疑慮。

● 遇到研發或產能瓶頸。
● 市場上可能有其他顛覆型電動車問世，衝擊領頭地位。

看著這三點清單，我知道這些風險確實都有可能發生，但相較於特斯拉打造出的未來大局與市場潛力，股價波動反而不值一提。

上面三點指出的企業倒閉風險，無法用數學公式預測，也無從量化。但是，不可量化的風險並不代表無法掌控。

要控制高風險的創業投資，就是假設投入的資金可能會全賠，蕩然無存。做最壞的打算，限定投入額在完全損失仍然可以承擔的額度內，就是最可靠的風險控制。

另一個容易誤解的觀念是：將風險的大小單獨考慮，這其實毫無意義，因為只有同時考慮風險與報酬，才能瞭解投資的本質。

借用查理．蒙格的一句名言：「投資等於出去賭馬，我們要尋找一匹獲勝機率是二分之一、賠率是一賠三的馬。一個標錯賠率的賭局就是價值投資的真諦。」

這句話值得細細咀嚼。投資的時候，報酬的期望值高於賭注，就是可以考慮的項目。無人能夠掌握未來將如何發生，關鍵在於必須輸小贏大，賺賠率才是成功投資的核心考量。

經過來回的考察，我對特斯拉的結論是：這家公司的結局有兩種可能的情景：幾十倍的增值，或者一敗塗地。這正是我尋覓已久的完美球路，最適合揮出一支全壘打！[10]

大多數股市投資家無法理解特斯拉的真實屬性。的確，投資特斯拉屬於高風險，最壞情況下有可能輸掉所有投資額。但如果電動車產業成功，特斯拉將會有驚人的爆發力，漲個十倍都算低估。

於是，我從二〇一六年開始陸陸續續買進特斯拉股票，最終投入的金額約是我總資產的百分之十。

10 期權理論能夠解釋創業投資的輸小贏大：對創業投資的高風險高回報的現象，在學術上可以在期權理論中找到解釋。這個理論指出，擁有極端風險回報比例的一群股票的組合，可以提供可觀的回報，因為每支股票的最壞結果為零，但是最好的報酬可以是無限大。這樣一籮筐的高風險高回報與看漲期權一樣，最壞打算是輸掉本金，但是有同樣的機率能夠賺得數倍回報，成為一個大贏家。

你也可以，打造「大局觀投資策略」

從茶水間的爭論，到市場對特斯拉股價的爭議，我的結論是：兩方的激辯是瞄準了大樹，可惜卻迷失了整片森林。只專注於細節、數據、股價，反而使投資者無法從更廣的角度看清整體大局。

接下來，我們整理一下大局觀投資法應有的正確觀念。

機關算盡，不如造福世界

在你我的投資生涯中，可能會有不少機會，投資某個企業或證券，一年內取得十%、十五%的增值。有這樣的成績，也許你會覺得滿意。市面上也有許多書籍、分析師，告訴人們如何找到這樣的標的。

但我們現在談的，是完全不一樣的範疇。

持股能夠賺十倍是每個投資者的夢想，可遇不可求。但是，每當世界面臨大變動的時期，就可能出現革命性的企業提供時代亟需的解方。這些稀有動物的增值潛能可超越百千倍。蘋果、特斯拉、NVIDIA 就是當代最好的例證。

要尋找可能大漲百千倍的股票，必須先確認企業有遠大的格局。巨大財富都是出於解決時代的關鍵問題，企業的使命感不但是成長的原動力，且決定這家企業的成敗。

從企業來看，沒有宏大的格局與使命感，就無法感召客戶。人們都有慣性，只有被更高的道德論點喚起，群眾才會冒險採用新的事物。而這種使命感還具有傳染性，能夠推動整個組織、一大群人往同樣的目的地前行。相反地，利己的動機只能影響一小部分人。

推動人最強大的原動力不是利益，而是人生的宗旨與信念。傳教士、革命家、公司創業的第一批員工、嘗試新科技的用戶，都是受此動力感召。如果僅考量自身利益，無人會為了追逐渺茫的報酬冒這麼大的險。

度量一錯，步步皆錯

要尋找可能大漲百千倍的股票，必須摒除市場慣用的風險概念。已上市公司與未上市公司的差別，在於前者提供充裕的參考資訊，且富有流動性。然而如果以當前經營實況衡量未上市公司或是新創公司，則可能出現大問題。

二級市場的交易數據為近代金融學者提供了統計分析的資料。這些金融學的理論，有些贏得了諾貝爾經濟學獎的榮譽，塑造了我們這一代人做投資、管理組合風險的依據與心態。

不過，「盡信書不如無書」更是我對學術理論的態度。由股價大數據發展出來的風險控制理念，適用於管理成熟公司股票的投資組合。但是，用在尚無營業歷史的新創公司，卻可能引導投資人走入歧途。當我從傳統的風險估值框架跳出來，立即發現特斯拉的真正風險與報酬潛能。那一刻，我也終於明白了市場對這家最具爭議性公司的辯論，是建立在錯誤的框架上，多數人所用的度量衡根本不恰當。

若要從千萬企業中找到稀有獨角獸，問對問題，才是成功的關鍵。

打造美好大局，是亂局中投資人的機會與責任

身為投資人，不可以忘記股價是實際公司的投射，而公司的存在，是客戶需求的投射。股價能夠往上漲，是因為有許多客戶擁護這間企業的物品或服務。

許多人，尤其專業的基金經理人投資股票，經常過度集中注意力在股價上，而

忘了客戶的需求和喜好。就如愛因斯坦的名言：「能被計算的，不一定重要；重要的事，不一定能被計算。」[11]

我在本章不斷強調，企業中無法計算的使命感、企業文化以及大格局，遠比當下的股價來得重要。但投資人也要能分辨，哪些使命感與格局是做做表面功夫，哪些是真正貫徹到企業精神與營運中。

當企業真的有超越當前世界格局的使命感，並可以洞見未來所需，而且有打造大局的能力，這樣的公司，將能創造巨大商業價值。

支持這種企業，就是投資獲得巨大利益的最佳機會，也正是投資人運用自身資源，幫助世界打造更美好大局的光榮機會。

---

11 Not everything that can be counted counts and not everything that counts can be counted.

第三章

經濟體投資法

——房地產

機會在街角招手，你幾番視而不見？

前言

人類的慣性是，預期明天的經濟表現會是今天的延續。這樣的假設是很自然、合理的。因為龐大的經濟體像是個超大的機械，由成千上萬的齒輪所帶動，在一般情況下，總是以等速往前推進。

當一個經濟體的現況保持愈久，愈多人會預測現況必然持續下去。可是，由於外力的干預或是內部的摩擦，這個慣性的假設偶爾會失靈。

就像第二章所提到的，一九八〇年麥肯錫顧問公司預測二十年後的無線電話市場狀況。大多數的經濟預測就是如此，從今天的數據畫出一條直線，然後稱之是未來。大部分人，通常就這樣相信了；這既是投資者的陷阱，也是追求大贏的機會。

本章的主題，是一項極為古老的資產類別：房地產。居住是最原始的生活必需，但是人心的擺動卻經常誇大了基本供需，導致週期的波動。對一個有耐心的投資家而言，購買價格位於谷底的房產，是一種可靠的儲蓄，同時更是抗通膨的投資管道。如何在群體極不看好房市的情況下逆勢投資，是本章的故事。

房地產投資之路，學到教訓再出發

我和多數華人一樣，對投資房地產情有獨鍾，相信古語所云：「有土斯有財」。大學畢業工作後，開始有了積蓄，第一個念頭就是買房。在美國，買房子自住是很自然的選擇，因為有抵稅作用，而且以當時租金來看，買房比租房划算。

若從投資層面看待房地產，最早可以追溯到我在銀行所熟悉的業務內容，以及一九九八年創業後，與夥伴共同推出的債務擔保證券，都與房地產高度相關。因為這些經歷，我長期關注房地產，也期待實際投資房地產試試身手。

至於我實際購入房產作為投資標的，要從二〇〇三年的 SARS 說起。

寄夢予樓，房產投資賺與賠

SARS 發生時，台灣經濟受到重大打擊，房市也跟著遭殃，一片低迷。前瞻台灣的形勢，我心想：「房地產已經跌到合理價，平均淨租金收益率超過三%；且二〇〇四大選有可能政黨輪替，緩和兩岸關係，有利經濟復甦。這是該出手的時機！」

我找機會來台北，四處尋覓，最後相中兩處房產。一處是萬華區的四層樓房。當時一樓由麥當勞承租，二、三樓是診所，頂樓是美術教室，收租穩定，價格又是台北其他熱門區域的一半。

豈料，我買下兩年後，麥當勞卻退租，店面整整空了一年多乏人問津，讓我租金損失慘重。後來甚至得降租，才租出一樓店面。我對此房產的前景信心全失，很快就以原價賣出。考量心力與行政成本，算是小虧。

差不多與買下萬華樓房同一時間，我循著規劃中的「捷運淡水信義線」物色標的，最後在大安區靠近信義安和路口，買下一個店面。雖然價格比萬華貴了一倍，但此處的環境極佳，人流豐沛。在我持有該房產的許多年之中，承租狀況穩定，租金收益極為可觀。

獲利回籠，尋覓下個機會

二〇一二年時，我看到台灣房地產已經歷一輪漲勢，加上我接到日本資產管理公司的工作機會，於是想要賣掉台灣的房地產，作為我日後的投資基金。

這一年也正是台北捷運淡水信義線正式通車的年份。由於捷運的加持，我手中的大安區商業樓竟然以原價三倍賣出。

當年的逆勢入場，剛好趕上台灣房地產新一輪牛市的開頭。由於對宏觀經濟的正確解讀，讓我得以不受SARS引發過度悲觀所誤導；再加上正確的微觀判讀，選到了好物件。收租確保穩定的現金流，更是讓我具備長期持有資產、等候上漲時機的耐力。

不到十年的時間，投資房地產的總報酬率遠遠超過同期的股市，這讓我明白了一個道理：投資房地產，需要正確判斷經濟體走勢、房產周邊環境因素，兩者都不可忽略！

抵達東京就職的時候，恰好是日本三一一大地震過後不久；已經不景氣長達二十年的日本進入更嚴重的蕭條狀態，許多派駐日本的外商都因為懼怕核災而選擇離開日本，對日本經濟打擊有如雪上加霜。

在這樣的時間點尋覓投資機會，我隱約感受到一種似曾相識的熟悉感。

日本經濟體的病症與處方

目擊過二十年前泡沫時期日本的意氣風發，再親身經歷大地震後日本的失落，無須具備經濟學位的任何一人，都可以感受到日本的投資環境已經從天堂直落地獄。人心猶如鐘擺，已經搖擺到另一極端。

新世代的投資者一定很難想像日本當年被稱為「世界第一」的光景。傳說中，東京核心區的地價在泡沫最高峰時期，比整個加州的房地產還值錢。反觀現今日本，人均薪資比二十年前還要低，東京地價腰斬再腰斬，國內企業經過多年的經濟衰退，大致上都已停止投資，人人只想囤積現金。

絕大多數國際投資機構對日本的經濟預測，好長一段時間以來都停留在極度悲觀。下了二十多年淒風冷雨的日本，幾乎被認定會無止境地持續蕭條下去。

帳面的蕭條，實體的榮景

每當市場上講的故事完全一致，風都往同樣的方向吹，經常是人心鐘擺已經達到極端的信號，暗示著往回擺的時間點不遠了。這時，應用第一章所說的破案投資法，常有機會挖掘出難得的良機：SARS時期的台北房市投資經驗，與疫情爆發期間的原物料投資經驗都是例證。

首先，我得實地勘察日本這個國家是否還有投資價值，或者就如國際專家的共識，已全面死局，毫無翻盤的可能？

過去，東京最顯赫的金融業總部匯集在中央區的丸之內，界於皇居和東京車站間的黃金地帶。二〇〇〇年前後，部分外資金融業開始把辦公地點帶離中央區，轉移到港區六本木幾棟新建的商業大廈。最知名的，莫過於「六本木之丘」，一個開風氣之先的創新商業地產——結合生活、工作、娛樂和購物，打造消除通勤時間的全新都會樣貌。

六本木之丘開業之後，迅速成為東京熱門商業地段，吸引許多指標性企業的日本總部進駐：科技新貴如雅虎、樂天；外資投行如高盛、雷曼兄弟。二〇〇七年，東京中城也在六本木隆重登場，使得六本木成為東京最有活力的商業區。

我所任職的日興資產管理公司，總部就位於此處。

我造訪過全世界各大著名都市，熟悉各國最亮麗的金融商業區。即便如此，六本木全新商業地段，仍令我印象深刻。高樓大廈一棟棟拔地而起，街道整齊美觀，賞心悅目。不管怎麼看，東京都不像個大蕭條中的悲情城市。

行經都會街頭，穿梭於繁華的大街小巷，我隨時將所見所感與腦中的資料交叉比對：「其實無論成長率多麼不起眼，從財富存量來看，日本仍然是世界前幾名富裕的國家。日本具有首席國際債權人地位，平均每個日本人對外的財富是一九九五年的四倍，意味著日本人口袋中不缺錢，可支配的資金相當充沛。日本的經濟基底仍然殷實！」

某天，我與同事相約在中城麗池酒店喝下午茶，品味著精美的點心。我發覺咖啡廳裡的客人，幾乎清一色都是中年日本婦人，手提名牌包，結群享受著下午茶的悠閒氛圍。很顯然地，家庭財務的掌管責任仍然操於「渡邊太太」的手中。

幾十年來，外商慣用「渡邊太太」這個暱稱形容成千上萬的日本主婦。她們結群炒股炒匯，形成市場內具有強大金融影響力的太太軍團。我問在座的證券業同事：「這幾年，渡邊太太都炒什麼菜？」朋友不假思考就回答：「外國的高收益債。」

難怪，歐美企業債的利差一路走低，原來都是拜來自日本的資金外出潮所賜。這也給予我的破案工作提供了第一條線索。

日本民間多的是鈔票，不乏資金。可是國內的資金堅決不投在日本，因為利息過低，而且投資人對本國經濟缺乏信心，紛紛出走國際市場。這也解開了我心中疑問：為什麼富藏於民的日本，平均年GDP增長率不足一%？

答案寫在每個日本人的臉上：對未來缺乏信心。沒有信心，再多的財富還是無法帶動經濟體的運轉。

財富可以想成水庫的積水量，GDP的成長率就如同水的流速。縱然庫內水位飽滿，如果大壩損壞無法開閘，水庫久而久之也會成為一潭死水。

二十年來，日本經濟為何走不出蕭條？

「照理說政府將利率壓低，應該可以刺激民眾消費才是啊？為什麼過去二十年，日本多次將利率降到極低，低到接近零，卻還是無法刺激經濟發展？這實在不符合經濟學的常態。」

懷著這個問題，我開始深入調查與考證各方資料。在各種數值與指標之間，我逐漸注意到第二個線索：通貨膨脹率。

原來，日本一九九〇年代後，由於銀行與產業界的呆帳長期沒有打消，無法順暢借貸，嚴重抑制了經濟活力。最貼切的形容就是殭屍企業，意指日本泡沫經濟破裂後，不計其數的問題公司，依賴著政府補貼向銀行續貸來延續殘命，卻又吸盡國家的活血。這樣的停滯狀況，導致日本經濟體長期處於負通貨膨脹（通貨緊縮）的大環境。

我想起經濟學中一個關於利率的觀念：

實質利率＝名目利率－通貨膨脹率

真正決定民間消費與投資的並不是名目利率（即銀行掛牌的利率），而是實質利率。也就是名目利率減掉通膨數字後的利率。

想到此，我立刻查閱相關數據：「果然！由於通貨膨脹率為負，即使名目利率是零，實質利率仍然相當高，並且高過所有已開發國家！」

當日本處在通貨緊縮的大環境下，通貨膨脹率為負。因此，將錢存在銀行，即使利息微薄，未來提領出來時，存款人反而擁有更高購買力。

尋思至此，我想明白了：「難怪人們仍然不想消費，因為人人預判商品明天價格會更便宜。同樣的道理，就算日本政府將名目利率降到零，對一般企業家來說還是太高，因為明天的物價比今天更低，使營業額萎縮而無法償還貸款。」

這讓我想起，在大學時代宏觀經濟學的課堂上，教授斯坦利・費希爾[1]講解過貨幣政策在美國大蕭條時期完全無效，不管利息多低、貨幣量多高，都無法刺激消費。

「如何確認貨幣政策無效？」我搜索記憶回想這段課程：「查看貨幣流動速度！」

一查之下，果真如此。日本自從泡沫破裂之後，不管日銀如何降息，貨幣流動速度一年比一年低。日本的資本市場已長久靜若死水，滯積而不流動。

此時，我又想起經濟學告訴我們：「當日元的實質利率比外幣高，匯率會因此推高。一旦日圓升值，就不利出口，景氣也會隨之低迷，日本經濟形勢也因此困於低檔。」

「是否真是這樣呢？」我不以推想為滿足，再調出相關資料，果然發現二十年來，日本長久持高的實質利率長期帶動了日圓的升值。

思考至此，多年來陷日本經濟於泥淖的真兇呼之欲出：過高的實質利率。

---

1 Stanley Fischer，美國著名的經濟學家，美國聯邦儲備局前副主席，前以色列銀行行長。

如此進退兩難的僵局，有解藥嗎？

不久後，新上任的強勢政府開出了最有力的處方。

看其政策，觀其用人：機會到來！

二〇一二年，安倍晉三再次擔任日本首相，隨即宣布實施刺激經濟發展的「三支箭」政策：實施量化寬鬆、擴大國家財政支出、促進並發展民間投資，力圖打破過往日本試圖扭轉經濟劣勢的失敗魔咒。

上任不久，他即任命黑田東彥為日本央行總裁，齊發三箭：印鈔票、買股票和不動產投資信託，直接將新鈔票注入實體經濟，並堅定地進行政策宣誓：「將利率打到負值！」

「將（名目）利率打到負值，這是全世界任何央行、任何經濟體都沒做過的事！會不會引發金融災難？會造成多大的產業動盪？」許多評論家都對如此激進的政策感到驚恐與質疑。但此時，我卻真心歡喜：「安倍與黑田在玩真的！」

雖然負（名目）利率舉世前所未見，但我對接下來即將發生的變化了然於心，洞若觀火：

當（名目）利率被壓至負數，抵消負通膨，實質利率終於有機會降低至零，從而釋放民間的消費力、推升投資意願。

當（名目）利率被壓至負數，囤積現金的誘因不再，日元匯率也跟著走弱，意味著日本產品與資產價格開始對外具有極高吸引力。這將有利於日本出口，提振日本景氣。這些因素，都有助於日本吸引國際投資。

我看出，安倍晉三正在對萎靡的經濟對症下重藥，日本復甦有望。經濟體多年的停滯，要動起來還需時日，但是黑田重磅級的撒錢力道來得如此快，我預期，接下來很快將看到資產價格抬升。若要投資，最佳時刻已經來臨，不能再等候觀望了！

弱水三千，我取一瓢飲

在資產上漲的前景下，我該投資什麼呢？能否找到上漲最強勁的目標？面對琳琅滿目的可能投資標的，我一一列出優劣：

要投資日本股市指數股票型基金（ＥＴＦ）嗎？我對於日本股市前景確實看好，但股市會受到全球競爭，以及許多大環境變動的影響。仍有風險！

要投資日本企業個股嗎？這需要針對個別企業深入研究，我沒時間心力。

房地產如何？

經過台北的商業房地產投資經驗，我深刻了解房地產的走勢反映一個地區的經濟動能、政策走向、居民的購買力等因素。我多年觀察宏觀經濟的經驗得以派上用場；當我審視日本的房地產狀況後，得到這樣的結論：

● 歷經失去的二十年，日本東京房產熱度也冷卻了二十年。查看亞洲各國房市的資料後，可以輕易發現日本房價是亞洲各大都會中最便宜的，一坪價格大約是香港的一半、台北的七成左右。而且收租率還是最高的！如此賤價出售的房價發生在最富有、人口最密集的東京大都會，真的不可思議。

● 東京的人口、經濟體量名列世界前茅，而且東京人口仍然逐年上升，將繼續推升房地產需求。

● 在安倍晉三的經濟刺激政策下，日本實質利率不斷往下掉，經濟熱度將上升，日本國內外投資意願將高漲，房價必將抬升。

● 只要我細心查找與研究，我很有可能找到房價上漲幅度高於東京平均，甚至高於日股大盤的房產。

與此同時，我注意到國際房地產機構投資家已經開始關注東京，我暗自決定：「要搶在他們之前，找到具有潛力的投資機會！」於是我馬上投入看房計畫。

我請多家仲介找尋港區與澀谷區的相關物件，並實際走訪多個物件。雖然各有優點，但我仍覺得不夠理想，難以下定決心。

密集看房數月後，我對購入房產的迫切心情開始轉為耐心以待，我知道理想的房產釋出本就沒有規律性，不如一邊持續作功課，一邊耐心靜待良機吧！

街區樓房的隨意與堅持

物色江戶，不妨放慢腳步

為了找到最理想的物件，我做了許多功課，包含分析東京都的地價歷史、不同區域的差異性等等。我了解到，東京最貴的地段位在千代田區皇居附近，第二名是港區，第三名是澀谷區。

港區與澀谷區是外國大使館與國際企業外派高級雇員熱愛的居住地，近年來更是新興商業開發重心，且交通非常方便，有多條地鐵交會，於是我集中注意力於這兩個區域。

透過不斷看房，經驗累積，以及從不同地段、硬體與價格數據比較，我開始建構出一套估值模型，對於哪些物件值得投資，見解逐漸明澈。雖然總是由仲介帶我看房，但我當然不聽任擺布。

曾參觀過一棟位於澀谷區代代木上原的歐式別墅獨戶住宅，仲介這樣推薦：「這棟房子有個鳥語花香的庭院，內部的隔間非常大方優雅，此類物件自用租人兩相宜！」

「這很像我在紐約市郊的老家，且價格還算合理。」我坦白說：「但是二手物件快速折價是個風險，且這種類型房子的買家群極小，脫手難易度不好掌握。考慮到上班通勤麻煩，以及小孩上學不方便，我沒有太大興趣。」

仲介曾推薦我購入辦公大樓，再三表示：「相較於買一個單位——例如公寓中的一戶——買整棟大樓能便宜二十～四十%。非常值得考慮。」

但我的過往經驗讓我知道：「經濟復甦中，辦公大樓的需求常滯後發生，而且當有退租，找到新房客不見得容易。」隨即請仲介帶我看其他類型物件。

聽聞我曾在台灣買過店面，仲介也帶我去看了幾個店面。當時，幾個店面我看了都十分喜歡，特別是有一家位於麻布十番的物件。

當時仲介這樣推銷：「此地區是出了名的外國人集中地，一樓是店面，樓上是辦公室，地理位置佳，環境相當不錯。」一時之間，我相當心動。

但之後再打聽，發現東京有些一樓店面會被黑道介入，我不敢冒險，暫時將店面擺在最後的選項。

踏破鐵鞋，心之所向在何方？

審視過許多房產種類，互相比較下，多戶住宅樓房的優勢逐漸清晰。有一次，仲介帶看位於麻布高級住宅區的一棟三層樓房子：「它每層面積都相當開闊，附近是大使館集中區，可以步行到六本木之丘和東京中城，是許多外國人的居住首選。」在各方諮詢下，我也看出這類房產的種種好處：

這種物件出租需求往往在經濟復甦中快速回升，且租戶分散、現金流單純穩定，可交由專業公司負責管理，房主沒有負擔。

此外，在日本，房東的權益受到相當大的保護，例如承租方必須提出資料以證明支付租金的能力；房客遷出時必須還原屋況，否則押金將不退還。

而且商業式多戶物業增值空間巨大，因為租金有上漲空間，能夠把價格推上去。

我愈聽，心中愈明確：「這是目前為止覺得最值得投資的物件類型。」這個物件我一連看過好幾次，非常喜歡，但是委請律師一查，才發現該物件與隔壁有界線爭議的問題，只能忍痛放棄。

某一天，我上班時房仲傳來訊息：「王先生，一個位於六本木的物件要出售，有興趣看看嗎？」

我看了物件描述：「六本木三丁目，屋況極新，收租穩定且以外國人為主要出租對象。」

嗯！每一點都符合我的需求，且離我公司很近，甚至就在我的日常生活圈的中心。我立即回訊：「待我下班就過去看屋。」

我查地圖，發現該物件距離我的公司步行只要十分鐘，於是我下班後直接信步前往。

回首，在燈火闌珊處

一路走去，盡是高樓林立。抬頭可以看見高聳的六本木之丘、東京中城，遠處有東京鐵塔輝映。我對於接下來要看的物件抱持極高期待。

抵達目的地，映入眼簾是外觀樸實低調的五層樓房，接著開始聆聽介紹：「這棟房地理位置極佳，鄰近三個地鐵站，可以步行走到六本木之丘、美國僑民俱樂部、三得利音樂廳；開車三十分鐘內可達羽田機場，十分鐘可達東京車站——也正是全日本鐵道線路核心。

此處鄰近美國大使館、麻布高級住宅區，屬於外國人的生活圈核心地帶。而且房型格局符合歐美人士的居住習慣，因此住戶多數是歐美外派高階主管。」

一聽之下，我對此物件極具好感。

密集看房的這段時間以來，我對不同型態房產與經濟體的關係已有想法：

- 買一棟辦公大樓其實是在投資「中小企業獲利成長率」；

●買一個商場或是店面，是在投資「消費成長率」；
●買一棟多租戶公寓大樓，是在投資「人均收入成長率」。

追根究柢，房地產其實呈現了宏觀經濟的橫切面。不同房地產的漲跌幅，最終將會反映經濟體中相對應部分的榮枯盛衰。

「當日本經濟轉強，外國企業將會加強日本布局，白領高階人員也將會回流，他們的住房需求隨之增加。」我心中評估：「目前趨勢尚未顯現，因此房價應該還未上漲。這個機會值得好好把握。」

仲介帶我看了每一層樓共十一個單位，並詳細解說當時的出租狀況。當時是日本經濟的低谷，全棟大約八成的單位已出租，只剩三個單位空置。該房由專業物業公司管理，維護得相當不錯，環境整潔。

看完物件，我走路回家時，對該物件念念不忘。「這個物件真的好得不可思議！價錢非常划算。」我心想。但同時又有另一個聲音提醒：「你要謹慎一點，先評估這個物件可能存在的風險吧！」

於是我開始在腦中列出該物件潛在的風險：

第一個是地點。就我的了解，六本木本來是夜生活相對複雜的區域，酒吧也相當多，會不會對該物件價值造成影響？

另外，大樓外觀看起來雖然沒問題，但不知道結構是否會有需要花大筆錢翻新？電梯、水電管線、裝潢等維護成本如何？都還需要詳加估算。

最後，要繳交給物業的管理費用不知是否會過高，蠶食掉一部分租金收益？

雖然樂觀，但我不能莽撞。這些疑慮，我要逐一釐清。

細緻考察，釐清疑慮，快速出手

我接下來幾天馬不停蹄地找各種資料，包括請教專業人士、實地踏勘。我親自多次到那附近來回巡走，了解當地狀況；也向房仲索取所有可能的參考資料。我的調查結果如下：

1. **周遭環境單純**：本來我對六本木的印象是五光十色的，但實際走訪該物件所在區域，發現其實這個物件位於相對安靜的住商混合區，離酒吧聚集的特定商業區有一大段距離，不會被影響。

2. **維護成本低廉**：為了進一步了解屋況，我偕同建築師，一起去替該物件檢驗。檢驗結果發現，這物件是一九九一年竣工，屋齡並不老，結構維持得很好。且就我進一步查看日本的租約條款，發現如果內部設備損壞，是租客要負擔，降低了屋主的負擔及風險。

3. **管理費用合理**：我進一步詢問了物業管理公司，了解管理費用是租金的十%，這在合理範圍內。

除了以上的疑慮獲得解決，我還額外發現該物件的潛力價值。在我實地考察之中，發現該物件是在六本木商業區的核心，被眾多一級商辦大樓包圍，因此都更價值非常高，極具增值潛力。

此外，就我在日本實價登錄網站查到的資料顯示，該物件賣方開價是市面上獨立公寓的六至七折，經我計算，粗估收租率[2]可超過五%。

更大的吸引力是，賣方是高盛投資銀行，整個房地產已經以信託方式作為過戶架構，銀行貸款時也會比較放心，不用擔心房貸未繳清、租約糾紛等問題，非常有利於我向銀行貸款。

經過我對風險、潛力的分析後，我決定買下它。心意已決。因為深怕冒出程咬金跟我競爭，所以再評估兩天後，我就決定要跟房仲開價。

前景預判的實踐與實現

我在確定購買前試算了一下，滿租的情況下，約十四年可以回本。雖然中間還要加上稅額，以及一開始必要支出的仲介費、法律費。但這個物件的地段佳，未來漲勢必然，即使需要長期持有一段時間，脫手時必然可以達成可觀利潤。

日本經濟復甦，判斷成為現實

買進六本木物件後，後續的收租狀況，印證了我對東京房產的預測。

2 （年收租金÷房屋購入總價）×一〇〇%所得出的數值。若要進一步精算淨收租率，則是（年收租金－空置期租金）÷（房屋購入總價＋裝潢、管理成本）×一〇〇%。

安倍晉三任命的央行總裁黑田，大刀闊斧地把日本的貨幣政策推到全球最寬鬆的程度，不僅降到負利率，而且大印鈔票購入國債、股票、房產信託以刺激國內資產升值、帶動投資意願。

在實質利率降至零的情況下，日元立即走弱，二〇一五年達到一百二十三日圓對一美元。貨幣走弱，緊接著就會開始助推外銷成長、股市抬頭，死氣沉沉的日本市場，響起春雷，生機萌動！

黑田的政策把股市從日經指數從一萬點推上兩萬點，是二〇〇〇年之後的新高點；不動產信託指數也翻了一倍。

此外，二〇一三年底奧林匹克組織宣布將由東京舉辦二〇二〇的奧運會。這種盛事會促進經濟成長加速，更進一步吸入外資。

這兩件事，加上安倍的強力政策，很鮮明地推動日本國內經濟，遊走全球的資金如同嗅到血的鯊魚，滾滾湧入日本。跨國公司以肉眼可見的速度重回日本市場，並將大量歐美籍的高階管理者派至東京。而我剛買下的房產，就是他們最理想的住處。

從二〇一五年後，六本木物件一直都是滿租狀態，現金流十分穩定，我所預料情景一一實現。

三年後，我與太太考慮到兩個孩子即將返回美國就讀大學。審慎考量日本大環境有了起色，腦海裡閃過出售六本木大樓的念頭。

大牛市中賣出，小樓翻身成商場

有了出售的念頭不久後，某天我收到一封信，是住友不動產公司寄來的。

「這不是全日本數一數二的大型地產商嗎？」我立刻拆信，信中的意思大致是這樣：

> 本公司正在計畫購買此區域所有房地產進行都更，改造成一個大商業中心。在此之前，住友不動產已經在附近建造了另一個大商業中心，準備透過目前規劃的新建案，覆蓋整個六本木三丁目。請尊敬的屋主聯繫，協商出讓房產的可能性。

「這真是極好的機會！」我隨即通知物業管理公司，請他們代為聯絡洽談。不久後，住友就給予答覆，希望我們開個價。

先前曾聽朋友或是公司同仁買賣日本房地產的經驗，都有非常曲折而且冗長的過程，因為日本房地產是個非常不透明，而且流動性很低的市場。

因此我心想，既然可能還要耗很久，而我並不急著出售，何不喊個比較高的價格？於是我以資本化率[3]二・九%將未來租金折現，作為開價——我心中這個數字遠高於期待的成交價——測試他們的反應。

結果，他們不但沒有抗議，而且立即回價：「以此價格減四%，您覺得如何？」我大喜過望，但不露聲色。

來回議價幾次之後，對方終於再出價：「希望能以原提議價減掉二%成交，希望您願意。」

我深覺這是個不可思議的天價，很快就回覆：「沒問題，成交！」

我完全可以理解為什麼住友不動產願意花這筆錢買進這個物件。以當時的負利率大環境來說，像住友這類大企業買入資產，擺在資產負債表上，其貸款利率幾乎是零。等蓋完商業中心，無論是以高價出售或出租，他們都穩賺不賠。

這種金融魔術我看過很多，只要貸款利率低、融資充足，地產商都會熱衷於囤地，這是房地產大週期的必然現象，我感覺得到東京房地產市場已經進入大牛市的階段。

我算了一下，六本木物件賣掉，是我買價的兩倍，扣掉剩餘貸款，總報酬率是三〇〇%。以投資期五年來計算，三〇〇%等於年報酬率為二十五%，大大超出我原先預期。

而這個年報酬率，遠比當時日本股市（十四%）、日本不動產信託（六．三%）、美國 S&P 500（十三．五%）、台灣加權指數（十．七%）都要高。

你也可以，打造「宏觀微觀經濟體投資策略」

台語有句醒言：「食米毋知米價」，恰當地暗示投資業的一大通病。

許多精通金融理論的專家，每天必須盯著上百則統計數據和股價，但如果問他為什麼隔壁幾家招租的店面乏人問津，他很可能答不上來。

3 通常計算為房地產資產產生的年租金收入與其當前市場價值之間的比率。計算方式：資本化率＝（年度淨租金收入÷購入金額）×一〇〇%。

其實，研究投資與關注民生需求沒有兩樣。

對「經濟體」的掌握和解讀是投資心法中極其重要的一環，尤其在混亂的局勢下更是如此。所謂的「經濟體」，指的是我們生活周遭的實體環境和社會脈搏。生活帶動經濟，經濟主宰金融市場的最終去向。

離開了生活，投資會慢慢與現實脫節。有時候，打開話匣子與菜市場的小販、開計程車的運將閒聊家常，更能夠揭露隱藏於GDP數據深處，經濟最真實的走向。

房地產投資正好處於金融市場與現實經濟體的交界地帶。能夠同時掌握金融市場的隱含訊息，也明瞭經濟體的當前實況，才有能力判辨什麼是實相，哪些是幻象。

宏觀看經濟體，投資不看過去而是未來

投資是看未來，但是我剛抵達日本的時候，主流看法是根據過去二十年的停滯歷史，斷定日本未來毫無潛力可言。舉例來說，許多人引用人口萎縮數據，對日本未來產生悲觀看法。經過一傳十，十傳百之後，對日本的負面判斷慢慢地成為人人接受的共識。

共識就是事實嗎？不見得。

住在東京幾個月後，我看到地鐵照樣擁擠，著名的澀谷交叉路口依舊是人山人海。一查東京人口數據，非但沒有減少，泡沫過後反而年年增加，而且增速不亞於紐約。

實際深入探究經濟的脈動之後，才發覺流行的故事與真實的經濟體有相當大的差距。

日本經濟的低迷，是因為多數日本人對於未來不抱持希望。企業也一樣，大家都把錢守得緊緊，不願意拿來投資、消費，導致日本經濟愈趨一灘死水。

看見市場忽略的潛能只是破案的第一步，並非每個被遺棄的冷門市場都會反彈。要反彈，前提在於出現足以扭轉劣勢的催化劑。安倍的政策魄力和黑田不惜代價的手段，提供了明確的信號，清楚告訴我轉折點已近。以我的判斷，新政策的力道，已經把日本經濟的走向轉換到新的軌道上。

能夠以宏觀視角看懂經濟體，洞穿雜音幻象，逆勢買入就能大大提高勝算。

另一方面，還得選擇具備有利微觀條件的物業，搭配長期耐心持有，才能對最終的總報酬產生決定性影響。

微觀看經濟體，精準找到投資標的

宏觀經濟體有如看天氣，微觀經濟體就是接地氣。牛市中仍然有不賺錢的生意，全面看漲的房市仍有租不出去的店面、賣不掉的樓宇。因此，精選物件就像選股同樣的重要，是否具備得天獨厚的區位環境，會直接影響到承租情況與增值的潛力。

我曾在台灣整體經濟欣欣向榮的情況下，買到收益不佳的房產（萬華商業樓）。而在日本的投資歷程中，我很清楚，如果我買了其他的房產，結果也許都會賺，但不可能像我最終選擇的三丁目住宅樓那樣獲利豐厚。所幸，買房地產前我學會從以下四個方向進行考查與評估：

- **親身實地考察與研究交通地理環境：**地點是房地產投資最首要考量，附近交通便不便利、人流多不多（單不單純）、生活機能便不便利、鄰近區域的發展潛力等等，這些都要透過實地探訪，以及深入研究才能知道。
- **大量收集相關資訊：**投資出租類房地產必須先設身處地為鎖定的租戶群著想，換位思考地點適合做哪種生意，住起來舒不舒適。事先做好出租市場調查，能夠避免事後再付出代價。

- **聘僱專業人士減少風險：**一樁複雜的投資案中，風險可能藏在交易過程、屋況不明、承租狀況不佳等等細節中。這當中牽涉許多專業層面，需要專業人士才能完整考量與判斷。例如需由建築師確認房屋結構、需由地政士／房產律師確認沒有地權糾紛。
- **框定特定群體的需求：**前面有提過，房地產其實是宏觀經濟的橫切面。如果看到特定群體的明確需求情境，就可能承受更小的風險、獲得更高的收益。例如我預期外企回流日本，其高階主管肯定有居住需求，因此挑選符合他們需求的多戶住宅樓房作為我的投資標的。

沒有時間深入研究房地產微觀工作的投資者，可以選擇與房地產相關的指數股票型基金，以一籮筐的組合方式投資房市，間接參與房地產的回報率。

房地產：最在地的投資，需全球的視野

房地產乍看是一個很在地的投資，但是卻很需要寬廣的視野，才能在對的時間買到對的物件。

一般人買房地產看的是屋齡、地段、公設、採光、裝潢等等，這些都沒有錯，但從投資者的角度來看，會需要注意更宏觀的事物。

從微觀角度來看，投資者看的是這個房地產在其所在區域的需求定位、土地開發潛質；宏觀來看，則房地產與整個國家的經濟走向息息相關，當景氣看好、投資意願高，資金湧入市場時，房地產將有升值空間。

思維格局還可以再放到更高的層次：這個都市的房地產，與世界各國相比，值不值得投資？房價是否被高估？或是有其他更值得投資的國家？

要看懂立於土壤的房產，需要從天空俯瞰的視野。

一沙一世界，一花一天堂——當你能從一個最在地的投資標的，看見其背後整個經濟體的脈動，就能發現最珍貴的物件。

第四章

異端投資法——企業決策

反脆弱投資組合，撞破基金領域天花板

前言

為什麼第一代的手機霸主，諾基亞與摩托羅拉，在智慧型手機的新時代裡消聲匿跡？

為什麼曾經獨霸整個電腦行業的藍色巨人IBM，拱手把整個個人電腦的新潮流讓給蘋果、微軟和英特爾？

當我們回顧歷史上曾擁有壟斷式優勢的龍頭企業，會發現，它們竟然都無法逃過科技顛覆的宿命，就如同恐龍一樣被淘汰，成為歷史的灰燼。為什麼？

答案出自於資本主義的特質：不斷破壞、重建的循環。

原先舊行業的霸主習慣於賺取巨大且穩定的利益，他們沒有必要改變，也排斥變革的潮流。這不但是公司偏向守舊的態度，也是管理階層一成不變的慣性。整個團隊有如「回聲室」，不想聽，也不相信新的科技潮流。

在亂局之中，若自困於回聲室而不自知，做出的投資判斷，可能陷於盲點，錯失新機會；也有可能誤上正在下沉的破船。

唯有「引入異端」，聽取跟你有不同聲音的人的想法，回聲室才有可能被打破。

摘下既黑白又偏視的鏡片，才能看見一個更加多采多姿的世界。

缺一角的勁旅

意外的邀約

二〇一二年，那時我在香港宏利金融集團擔任亞洲投資總監。有一天，我收到一封改變了我後半人生的信。那封信來自獵頭公司，大意是：

本公司代表日本第二大基金管理公司：日興資產管理集團，向全球徵才。在數十位頂尖國際金融機構管理人之中，您被認為是最合適的人選，希望邀請您面談投資總監一職。

雖感驚喜，但我不能貿然決定。我先上網搜尋了關於日興的相關資訊。一邊閱覽，我一邊感到這家公司很有意思：

日興雖然是一家歷史相當悠久的公司[1]，近年卻有令人耳目一新的表現。在二〇〇八年金融海嘯後，該公司新聘用了兩位美國人分別擔任總裁與投資總監，致力於引進歐美管理方法振興公司。

在那幾年間，日興將目光轉向東南亞，一口氣買下了新加坡的星展資產管理公司、澳大利亞太陽人壽資產管理公司；還進軍中國，從深圳的融通資產管理公司購入股份。

從日興的發展近況，我已經能看出該公司的發展策略，以及他們可能遇到的困難。透過日興一則一則對外發布的新聞稿，我彷彿已在和該公司的領導層展開對話：

打造出一家泛亞洲資產管理的跨國企業，這背後需要跨國人才管理機制、異國文化的揉合，乃至於整個公司經營風格的重塑再造，肯定是一大挑戰。這也是為什麼他們需要一位有全球視野、國際資源整合經驗的人，擔起統籌角色。

「這是個大工程啊！」邊看網路資料，我心裡尋思：「我要不要接受這份挑戰？」

大刀闊斧重整團隊的必要！

仔細研究過日興這間公司後，我理解到參與其企業革新極具挑戰性，頓時感到滿腔熱血、躍躍欲試：「若我把這份工作做得完美，將為人生下半場交出漂亮的成績單。」

我回信向獵頭公司表達興趣，後來經過了與董事、總裁的幾輪面談，當年底確定由我出任日興的投資總監，領導一百多人的專業投資團隊，加上統籌管理多個在全球各地由日興控股的投資公司。

上任前，我和所有董事、高階主管深談，了解日興正在面對的挑戰。一位董事所說的最具代表性：

「王君，日興雖然努力走向國際化，但卻陷入難關。我們近期購入許多外國團隊，但新增的投資商品仍不夠吸引客戶。我們推動跨國團隊之間更多合作，卻因文

1 日興資產管理公司（Nikko Asset Management）於一九五九年創立。

化差異造成溝通隔閡。整體而言，我們整體投資績效、產品銷售都遠不如預期。若沒有顯著的改變，國際化的努力，可能將走向失敗！」

他談起日興前景時憂心的眼神，深深印在我心中。

和許多產業相比，投資公司經營比較抽象，許多人難以了解，甚至可能誤以為每天門打開，就自動有人送錢來做投資。當然不是這樣。

不妨將日興想像成一間百貨公司——專門賣投資產品的百貨公司。

百貨公司中有各種專櫃，販賣不同類別、不同品牌的商品：衣服、家具、食品……。一家優質的百貨公司，要讓每個專櫃各有特色，販賣的商品都高品質、吸引人，而且百貨公司整體還要氣氛怡人，便捷舒適，對吧？

日興也很相似，作為一間投資產品百貨公司，其中販賣來自各國、由當地團隊（類似專櫃）挑選的投資產品。而公司整體，則應該更有宏觀的眼光、前瞻的思維，確保旗下的團隊都獨具慧眼，並能取信客戶。

但此時，日興的整體表現不容樂觀。好些專櫃的經營情況堪憂，拖累整個公司。

在日興上班的第一個星期，我站在東京中城大廈四十二樓的角落獨立辦公室，兩邊是落地大窗，遠眺有富士山景；近看則是東京都的車水馬龍。

我心想，若不下猛藥，難以挽救頹勢。我的理念很簡單：人才為本。

多方下藥，召聚優秀人才與團隊

上任後第一個月，我就環繞了地球一圈，會談了分散在七個國家的每一位基金經理人和分析師，了解績效不佳的原因與責任歸屬。

與此同時，我也構思一個更縝密的計畫，讓日興成為一家真正的泛亞洲資產管理大企業。

上任沒多久，我就到新加坡招募一個曾身經百戰的八人精品團隊。雖然這個團隊不算大，但其領導人透露出創業家的勤奮氣息，且旗下分析師都十分有能力，我相信可以替日興帶來全新氣象。見面後不到一星期，我們就握手成交，日興買下這間小公司的所有股份。這間公司的加入，替日興新加坡團隊增添了強大的戰鬥力。

當我聽聞有六個非常優秀的經理人，正在考慮從蘇格蘭一家兩百年老牌投資公司離職，我立刻飛到愛丁堡，面試這個團隊，不到兩星期就說服他們加入日興。

經過十八個月馬不停蹄的奔走，許多優秀人才陸續加盟，日興的再造工程告一段落，日興的新氣象呈現在客戶面前。由日本人管理著日本資產，由華人管理著中國資產，由澳大利亞人管理著亞洲各地的資產，再加入蘇格蘭人管理著歐美的資產。

當一連串再造工作完成，日興這家百貨公司中的櫃位，都由各地區的精品投資團隊經營，針對不同的需求精選金融產品，呈現給客戶。這些團隊各有優勢與專業，除了針對不同國家區域，也有不同產業類別，例如有些專門販售不動產基金；有些櫃位專賣生技類股。透過多元專家團隊，日興的競爭力明顯提升了一個台階，客戶也表達出相當高的肯定與興趣。

如此團隊多樣性讓我引以為豪，大家穿著同樣的隊服，每一個球員的心都朝向同樣目標——在投資領域的國際賽場上贏得冠軍獎盃。我們風光舉辦記者會，大動作宣告日興將脫胎換骨！

在日興第三年，團隊與人才一一聚攏，無論是績效還是客戶反應都有很好的表現與回饋。一切似乎都顯示，日興再造工程已獲成功。

然而，我心中卻隱隱感到不安，揮之不去。亮眼的業績報表，也難讓我感到放鬆。如同水手看到地平線遠端泛起烏雲，我有個直覺：「暴風雨將至。有些我們尚未考量、無法掌握的因素，正在逐漸發展，可能從根本顛覆日興，以及我們這幾年來的努力。」

前方新科技出沒，小心翻覆

地平線泛烏雲，需備戰迎風浪！

二〇一三年時，這些因素開始露出苗頭。由FAANG[2]領軍的創新科技潮流，徹底改變了人們的生活模式，且不斷收購行業內對手。企業規模像滾雪球一樣越滾越大，不但主導著美股指數，科技的顛覆更是導致傳統行業被淘汰掉。就像一百年前的馬車被汽車替代，近代的報業、電視廣播、計程車業、傳統零售業，都飽受新科技平台的威脅。

「科技正在改變世界，主導產業發展。但日興的組織文化、產品組成，有符合

2 意指Facebook、Amazon、Apple、Netflix、Google等五家科技業龍頭，在台灣又被稱為尖牙，而它們的股票就被稱為尖牙股。

這樣的潮流嗎？」我看得到遠處正撲向我們的烏雲——科技發展將對投資行業造成顛覆性的影響。

做我們這行，大多數的分析師都是以經濟學和金融理論為知識核心，估價的手段是以直線思考為框架，以當下的數據為決策的依據。然而，正如第二章中麥肯錫的案例，執著於直線思考和數據進行預估，有可能與真實結果相差十萬八千里。

這是一種專業造成的偏見：對熟悉的事物放低警覺，集體思路有如回聲室，過度依賴歷史直線型的模式，而不能以跳躍式思考想像未來。

引用馬克．吐溫的名言警句：「給你帶來麻煩的，不是你不知道的東西，而是你自以為很了解卻並非如此的東西。」其中的涵意也這樣表達：「華爾街的井底之蛙看見井口以為是整片天空，而無法想像宇宙之浩瀚。」

有位同事聽了我的擔憂，質疑說：「會不會過度緊張了？現在情況都很好，有需要再調整嗎？」

我引用英特爾傳奇創辦人安迪．葛洛夫的話回應：「唯偏執狂得以倖存。晴朗天，正是未雨綢繆的時候。」秉持著高警覺性，尋找出變局對自己團隊的衝擊，了解可能的致命傷，才能站在潮流的前面。企業想做大、做強，就必須納入異類；無論是透過招募人才、併購、合資或是購入股權。

「前瞻日興的發展，勢必需要引進懂得挑選、看得懂創新科技商品的人才與團隊，才能補足整個公司對於前瞻科技思維的缺乏。」一位董事提出：「你說得對，然而，這樣的人才與團隊，在哪？」

我們陷入沉思。

互補的完美拼圖

如何找到有前瞻能力、能看懂科技的人才與團隊，成為我那段時間最急迫的課題。

有同事建議：「要不要直接打造一個專才團隊，專門從事科技類股的金融產品開發與銷售？」

不過，這個念頭很快就在討論中被推翻：「打造專才團隊耗時良久，且失敗率高，倒不如買一個現成的團隊來得更有效率。」

攤開手邊資料，我們審視了十幾家來自世界各地的投資公司，個個都很專精，也都是各自市場的佼佼者。

但我總是強調回歸原點：「這些公司是否具備前瞻思維？是否對於科技發展有獨到見解、對分析科技公司是否有可信的方法？若日興要收購，能否達到一加一大於二的效果？更重要的是，價錢是否合理？」

隨著討論進行，名單上的公司一一被刪除。

在不停的討論、閱讀資料中，我漸漸注意到一間公司的名字顯然不斷出現：方舟投資。

我們開始認真研究方舟投資，尤其著重它在科技領域投資分析的能力：

方舟投資二〇一四年創立於美國，專攻創新科技領域投資，對人工智慧、機器人、電動車與電池等新科技領域的著墨既廣且深。

接著我又搜尋了方舟投資的創辦人凱西・伍德，發現她在科技研究領域有多年經驗，有很多創新的想法，每次對外發表見解，都激起投資社群熱議。更讓我眼睛一亮的是，她是比特幣、基因組學、3D列印等領域的專家，而她提出的觀點，是大多數華爾街分析師難以企及的。

而且她不是一個空說見解的學者，而是極有膽量的投資家，只要研究透徹，肯定目標的價值，她敢於不斷加碼買進——無論短期波動是漲是跌。

愈深入挖掘方舟的資料，我愈感覺這是與日興完美互補的拼圖。「目前方舟投資是相當新的公司，市場似乎仍未確認這間公司的潛力。」我心想：「日興若與之合作，將有機會乘科技浪潮，取得市場先機。」

該訂機票了。

同行中的異類

我第一次拜訪方舟的時候，他們的公司設在曼哈頓的「矽巷[3]」。公司的裝潢不像個金融企業，反而有科技公司的味道，整體簡潔俐落，設計不拖泥帶水也不過度浮誇。放眼望去，所有的分析師都很年輕，像是大學剛畢業，個個穿著恤衫、牛仔褲，而不是筆挺的西裝或套裝。

我到訪時，他們正好在開週會。我留意到，他們週會談論的主題竟然不是股市，而是「充電電池的科技發展」。他們邀請到某大學教授前來演講，談論關於充電電池的未來以及有哪些公司具備創新突破能力。

3 Silicon Alley，紐約市曼哈頓南部的高科技公司區域，有美國東部的矽谷之喻。

與凱西會晤，她一談到科技投資就滔滔不絕。我仔細聆聽，不時拋出一些問題，她的回答都令我耳目一新。在面談中，我印證了先前對她的評估，愈來愈有信心：「方舟將是與日興完美互補的拼圖！」

我試探性詢問她出售股份的意願。她面露遲疑地回答：「我不太希望公司的投資決策被另一間公司掌控。」

我接著說明：「日興並沒有要完全控股的想法，會以非控股方式收購方舟部分股份。」

凱西想了想，又說：「可是我目前似乎不缺資金。」

「當然。但這筆股權交易的重點，將是方舟和日興的長期合作關係。日興是日本第二大資產管理公司，在亞洲多個國家都有團隊服務，方舟若加入日興，其金融產品將可在日本與亞洲多國銷售，快速擴大市場。」

我一邊陳述，一邊觀察到凱西表情展現認同，頻頻點頭。

於是我打鐵趁熱：「不僅如此，方舟是市場上的新進者，而日興是歷史悠久、有口碑的公司。若方舟背後有這麼一間體系完整、被市場認可的成熟公司，對於方舟的市場拓展也會有所助益，客戶會對方舟的產品更具信心。更不用提，雙方的經驗與資訊可以互通有無、彼此教學相長。」

凱西思考片刻，對於雙方資訊、專長互補深表認同，對於出售股份，也表達她的正面意願。

我很高興凱西認同我的提議，接下來我的挑戰是，說服日興的高層，讓公司信任收購方舟部分股份是一項正確的決定。

挑戰傳統，破風而行

日興是日本一家傳統資產管理公司，懷抱著日人偏向保守的性格，穩健營運了數十載。

我很清楚，如果要日興入股一間創立才一年多，且資本額不高，還是獨資的公司，資產管理規模只有幾千萬美元，日興董事會必定會有質疑與不安。

「該如何說服公司，並消除疑慮，讓公司願意以非控股形式收購方舟的部分股權？」一坐上飛回日本的班機，我在筆記中列出公司可能會有的疑慮：

1. 如果方舟在收購後不久就倒閉，會嚴重損傷日興名譽。

2. 方舟的股份無流動性，且獲利能力有著極大不確定性。
3. 方舟的投資項目屬於風險投資，對於傳統基金操盤公司（日興）來說風險太高。

「如何針對這些疑慮一一提出說明，將公司的不安，轉化為對前景的期待？」我心中不斷沙盤推演。多次搭乘紐約到東京的航程，從沒有像這次那麼快速。

瞄準疑慮，各個擊破

這一天，我站在投影布幕斜前方，播放簡報，對日興總裁說明收購方舟部分股份的必要性與潛在利益。

「任何成功機率高的策略，是因為它有許多通往成功的途徑；反之失敗的策略，往往因為它是孤注一擲於單一的成功情景。」我先開宗明義地提出最上位的投資思維，總裁也完全認可。

我進一步具體說明：「收購方舟股份是一個成功機率高的策略，因為當中蘊藏著許多可以帶領日興邁向成功的途徑。」接著以投影片展示我的觀點：

第一，可增加日興的產品多元性

日興沒有發行美股產品，也沒有發行專注科技的基金。面對創新科技浪潮，投資人極為期待這類理財產品。如果有了方舟這間專注於創新科技選股的公司加入團隊，日興將大幅增加科技類ＥＴＦ產品。有了方舟對創新科技領域的深入研究，日興得以投入新創公司早期階段募股。公司增添了產品多樣性，也增加客戶的獲利。

第二，可增廣日興整體的科技前瞻思維

方舟是創新科技、生物科技等領域的專家，這些是目前日興的團隊所不擅長的。有了方舟的加入，日興同仁在創新科技層面將有更寬闊的視野。透過分享見解，日興所有員工都將學習到思考科技產業的新方法，減少盲點，使投資更加精準。

第三，方舟的話題與聲譽有助日興行銷

凱西以科技前瞻思維領導方舟，在許多創新科技領域皆有耕耘，並有著極高的媒體聲量。其靈活運用社群媒體擴散見解的能力，更是日興團隊所不具備的。若有方舟加入，日興可以善用方舟的聲量進行行銷，使投資人看見脫胎換骨的日興。

講完了收購方舟可以替日興帶來的益處，總裁開始提出疑慮：

「公司主要的決策者是凱西，會不會哪天凱西倒了，公司也就倒了？」

「方舟的資產管理總額不高，獲利能力真的好嗎？」

「方舟選的標的很多是新創公司，屬於風險投資範疇，會不會讓日興承受更大風險？」

我耐心地聽完，這些問題我也都已經設想過，於是胸有成竹地逐一提出說明：

首先，關於方舟公司的健康度——

有了日興這間歷史悠久，且在業界有著良好名聲的公司作為靠山，方舟將有更多拓展業務的機會，公司體質也會愈來愈健康。而且，假設凱西不在了，我們可以直接買下方舟，把方舟的分析師歸入日興。雖然少了靈魂人物，但至少還是可以用日興的方式管理這間公司，對日興來說並不虧。

其次，關於方舟的獲利能力——

FAANG 的股價大家有目共睹，方舟選股策略就是針對創新科技挑選，獲利能力肯定是向上成長。入股方舟後，日興將能分享方舟的獲利。

最後，關於方舟的投資策略風險高——

對日興來說，不收購方舟，好跟上科技潮流，是更大的風險。且入股方舟金額並不高，也並非控股，對日興來說風險已經相對低。推到最極端，頂多就是損失全部投資額，但潛在收益可謂無窮。這是典型的損失與收益不對稱的投資，我們應該把握。

語畢，總裁點了點頭，但眼神中仍透露出一絲不確定性。儘管已經分析得相當透徹，但看到他的表情，我知道還欠缺臨門一腳。

破釜沉舟，終獲信任

我看了看總裁臉上的表情，接著提出一個大膽想法：「我對這間公司很看好，也相信這間公司擁有日興所欠缺的元素，從產品到思維模式，都可以補足日興的不足。假如公司仍有疑慮，我願意出資一半，跟公司一起收購方舟股份，表明我對此收購案的信心。」

話說到這邊，本來低著頭看文件的總裁瞬間抬起頭。顯然，他看到我對此案的把握程度。戰術產生效用了。

我心裡當然明白，公司不可能讓我出錢，這樣只會把事情搞複雜。但我知道這一步棋是必要的，儘管是險招，但不這麼做，沒辦法展示我破釜沉舟的決心。

我望向總裁的眼睛，本來的猶豫已經一掃而空，他笑了笑，點了點頭，對我說：「我同意你的看法，公司將會全力支持這次收購股份案。」

洞見礦脈中的點點黃金

建造知識交流的大熔爐

「恭喜，恭喜，成功帶領日興入股方舟，版圖又更向外擴增了！」完成入股程序後，一位董事如此對我道賀。

「這只是個開始而已！接下來兩邊如何合作才是考驗。」我這樣回應他，並不是說客套話。

日興每一個基金經理人、專業投資人，都有自己長期養成的專業見解；而方舟團隊將帶著全然不同的文化與思維進入日興的系統。這會造成什麼樣的衝撞？

如果公司沒有善加引導，雙方的見解可能油水互不相融，沒有在思維層面發生交流往來，日興就只是如同百貨公司得到一個新櫃位，而沒有整體的革新。

更糟的情況，則是各自的見解撞擊後發生爭執與衝突，甚至引爆尖銳的不信任，導致集團內部的惡性敵對心態。

身為投資長，我希望方舟加入後不只是許多櫃位之一，不只帶來有吸引力的產品，更能讓日興產生面對科技的新思維，讓整體成長、茁壯。我明白，這需要有人居中努力，促成深度的溝通交流。

在收購股份案確認沒有問題後，我很快就發信給內部同仁，對大家說：「將會有一群新的夥伴帶著對科技業投資的新見解加入日興，我希望大家能夠將各種意見、想法提出來。我們採公開交流的方式彼此學習，一起砥礪成長。」

為了促成跨團隊間的公開交流，我在給凱西的電子郵件中建議：「未來我們舉辦開放的論壇，讓兩邊團隊自由參加。除此之外，是否可以創造非正式的跨團隊討論機制？如日興派員到方舟考察學習，方舟也可以到日本與亞洲各地分享調研結果。」

凱西回信，深表認同，同時提出她的看法：「方舟將派科技投資研究專家在日興每月的內部股票論壇發表演講，並針對科技投資的思考回答日興同仁們的提問。」

在公司高層的支持推動下，方舟和日興雖然隔著一個地球，雙邊卻得以時常交換心得，也積極互相拜訪、交換研究報告、參與彼此的週會，兩邊的同仁都能互相學習彼此的長處。

在此同時，我也和同仁強調：「我們鼓勵交流，但這不代表大家一定要改變自己的投資方法。」我的原則是不干涉同仁的投資判斷，只營造自由優質的交流環境，等候化學反應默默發生。

改變面貌，從改變DNA開始

我堅定認為組織的使命能夠決定一家企業成功與否，而企業的戰鬥力更取決於每個員工對使命的認同感。創建新時代的大企業，如蘋果、特斯拉，化使命為優勢，得以脫穎而出。那麼，如何在競爭激烈的投資行業裡勝出？

這要從投資的社會責任說起。做金融業的人對投資的定義，不外乎是為了製造最優良的績效，替客戶賺取最高的利益。這些都沒錯，卻是小格局，短視的定義。

「投資是為了實現更美好的未來」，是我對投資下的大格局定義。日興的每位投資家都有自己的投資理念，有各自發揮的空間。我對公司的期許是塑造一個鼓勵自由思考，又激發虛心學習的工作環境。如此，我們的團隊更能夠於世紀大變局中，參與美好未來的實現，而不是墨守成規，等待終局來臨。

將方舟納進日興這間百貨公司，補充我們自家的投資調研能力，從方舟的研究得到靈感或啟發，將有助我們的投資專家拓寬視野、提升競爭力。雖然這些益處無法測量，但我明確知道，加強投資能力是整個企業興衰的關鍵。

我數次邀請凱西參加日興的年會，展示方舟與日興合作科技投資的前瞻願景。參與年會的客戶，都看到日興從一間歷史悠久的日本公司，蛻變成走在創新科技領域前端的全球化投資團隊。許多機構主管都這麼對我說：「日興變得不一樣了！」

異類同心，其利斷金

多年之後，我在日興的工作告一段落。回首這件我最得意的投資案，算了一下帳：

日興獲得方舟多支主動管理的主題ETF銷售權，包括金融科技、太空、基因組學科技等主題投資基金，在日本激烈的募集競爭中大放異采。而日興的實質收益也遠遠超越了最樂觀的預測。

另一方面，對方舟來說，讓日興入股，更是百益無一害。四年來，方舟的資產管理規模超過二〇一五年的一百倍。日興與方舟的合作，進一步也推助凱西成為全球科技投資界首屈一指的風雲人物。

當我回首看幾十年的職涯，最感自豪的莫過於造就好些非常優秀的年輕人才，在專業上更上一層樓。這些善緣才是我人生最大的成就。不管是拉了年輕人一把，或是提升了新手的思維格局，這些對人的影響力比實現的利益更有意義。

我慶幸當年接下這份工作，更慶幸促成這筆股份收購案，讓各方都成為贏家，成為我後半場人生中最精采一章。若當年日興沒有收購方舟部分股份，仍持續將目光鎖定在傳統投資公司上，則投資績效將會遠遠落後於大市，甚至埋沒於科技浪潮之下。

你也可以，打造「異端式投資策略」

變化是常態，需要不斷學習納入「異端維度」

在自然界，擁有高度多樣性的生物種群，在物競天擇淘汰之中，均有更強的生存能力。人群組織如同生物種群，愈是多元化的成員文化，愈能夠適應環境的考驗。

這個道理與歷史上超級強國的崛起有共同點，都是因為能夠合併異族，接納外來的精華化為自有。中國的唐宋時代、羅馬帝國、大英帝國、現在的美國，不同時期的霸主強國都採取「海納百川，有容乃大」的國策。因為有包容性，才能不斷地從大變局中脫穎而出。國家如此，任何團體也都是如此。

生活在瞬息萬變的時代，不變往往是最危險的選擇。於是，我採取了「異端式投資策略」，引入「異端」思維與人才，讓組織變得更多元、更具競爭力。

所謂異端，是與自己熟悉的範疇截然不同的人事物。「異端」可能帶來張力與衝突，但同時也帶來更多元、更開放的思維，能讓個人與組織擁有對抗亂局的韌性。

相對日興而言，「方舟」可謂是異端，他們擁有與日興截然不同的特質與專長。他們的加入能夠補足日興不足，讓日興站上潮流浪尖。入股方舟帶來的驚人價值，證明了我當時的決策是正確的。

異端式的投資策略，不僅僅適用於本章的情境，也適合個人投資者、企業經營者，甚至個人生涯經營。

個人投資：「異端組合」推高效率前緣，無懼納入陌生領域

在個人投資方面，效率前緣[4]概念值得我們參考。此概念主要告訴我們，增加資產組合的多元性，在同樣的風險下，將達成更高的獲利。面對劇烈變動的時代，建構資產組合內容的思維需更重視多元性。

當世界在動盪時，有人會想要守住熟悉的資產，認為這是最安全可靠的應對方式。

然而一味只守住舊時代的資產種類，而忽略了大環境的變化，可能錯失讓資產組合更加多元化的機會，也就無法進一步減低風險、推高利潤。

在亂局中，固然有騙局與泡沫，但身為投資人，應該要積極了解自己不熟悉的

產業與標的，嘗試將更多元類型資產納入投資範圍，才有可能創造更佳的效率前緣。否則，可能在亂局中錯失致富機會，甚至翻覆沉沒。

企業經營：投資於「異端人才」，打造良性競爭團隊

一群背景與經驗相似的人，容易產生集體偏見。這種集體偏見就會形成「回聲室」，使這些人無法激盪出新見解，也就對變局中新的可能性產生盲點。

每一個領域的人才，都有其專長；讓不同領域的人才碰撞在一起，發揮最大價值，是企業的責任與使命。

以我在日興任職的經驗為例，我找來了許多不同領域的人才加入日興，並與不同團隊組織結盟，如方舟。

我要創建的是「一加一大於二」的模式，不用強制方式改變各團隊的投資決策，而是在交流中互相學習與激盪。

這也是為什麼我相當鼓勵公開討論不同見解，以開放的心態傾聽他人的觀點，

4 Efficient Frontier，代表一個組合在固定風險之下能達到最高的回報率。

並將自己的信念觀點展現在他人面前，虛心接納他人理性的剖析與回應。

個人生涯：不斷拓展，無懼成為異端

人類的自然習性是親近熟悉的、與自己相近的人事物。然而，面對亂局，要取得更高的收益，就需要更多元的見解、更寬廣的視野、從更多不同的角度考量檢視。這些都需要與自己陌生的、不同的人進行交流，方可帶來更精準的判斷。

其實，讓自己具備多種思維與視角，是一件最具價值的投資。

我大學主修機械工程，雖然畢業後選擇進入金融業，我經常融入理工科實事求是的思維，更重視基於「實體面」審視投資決策；此外，我來自華人社會，至今熱愛研讀老子《道德經》與佛經，此哲學思維帶給我工作與人生極多啟發，讓我有全然不同於西方商業的思維角度。

封閉式的思維有如枷鎖，緊緊壓縮自己的空間和高度。一旦把自己解放於無限的可能性，縱然道路崎嶇，新想法就像氧氣一樣，能點燃事業上的熊熊烈火。

這即是下一章的故事。

第五章 事業體投資法

——創業

從泡沫灰燼中，看到下一個千倍獲益機會

前言

就像人體發燒經常是某疾病的第一徵兆，市場的動盪經常是經濟體某種不平衡的徵兆。

一九九七年的亞洲金融風暴和一九九八年的美國金融危機，暗示著許多國家和金融界的資產負債錯配太大，槓桿過高。全世界金融業陷入倒閉風潮，大量裁員。

在這樣千瘡百孔的市況中，我首先面臨著失業的恐慌，隨後再面對創業的抉擇。

站在創業與否的分岔路口，我權衡著該承受風險追求潛在收益，或是守著安穩的固定薪資。在這兩條分岔路上，分別有可能發生的最糟糕情景：躊躇不決而錯失天大良機，或貿然突進而遭受損失。

人生中扮演自己最嚮往角色的機會不多，且機會稍縱即逝，再也沒有重新來過的餘地。所以我的人生哲學是，只要預測損失可以熬過，我會盡量去嘗試挑戰未知數。

正如我對投資的看法：不走進局內，就不知道局內有無限的可能。創業亦是如此。

走進黑暗谷底，發現機會亮光

一九九八年的夏季尾聲，曼哈頓華爾街附近的一間酒吧中，許多西裝筆挺的商務人士們拉下領帶、頭髮蓬亂、無精打采。在酒精的麻醉之下，傾吐心中的忿怒、無奈、恐懼。

我與上司湯姆在吧檯並肩而坐，一口一口啜飲威士忌。我們已經歷過一年多並肩努力的時光，從未像今天一樣落寞無語。

我們都明白，公司面臨了前所未有的巨大難關，處在崩潰的邊緣。與此同時，我正迎來人生大事，將要與未婚妻攜手踏上紅毯，邁入人生另一個階段。

當我喝著悶酒、苦惱萬分之際，她正在家中，滿心期待地規劃我倆的婚禮與義大利蜜月旅行。我發愁：待會回家，該如何對她說老闆希望我延後蜜月計畫，先專心應對公司危機？

望向空了的酒杯，心中隱約有個聲音傳來，「這份工作估計完蛋了吧！現在真的不是發生職涯危機的好時候！」

沒逃過的金融連環爆

時間回到一九九七年，那一年我辭去前一份工作，進入了Commercial Guaranty Assurance（簡稱CGA）。這是一家做對沖基金與保險的新創公司，資本額數億美元，員工大約有二十幾人。

這是我進入職場後的第四份工作；靠著自己的努力，一步步走向華爾街投資家的夢想。我計畫在這家公司認真打拚，讓自己的金融投資專業更上一層樓，甚至位階向上跳，晉升成為獨當一面的基金經理人。

一九九七年七月，泰國因為外匯儲備不足，而被迫大幅度貶值泰銖，進而引發一連串的金融危機，整個亞洲都備受衝擊。

那陣子我緊盯國際市場動態，關注這次亞洲金融風暴的影響幅度。

讓我稍感慶幸的是，這把火並沒有燒到美國，反而一些華爾街宏觀避險基金公司就像聞到血腥味的大白鯊一樣，紛紛做空亞洲國家的外匯、國債、企業債，進一步加深亞洲區域經濟的蕭條程度。

當亞洲正在水深火熱的同時，美股卻一片欣欣向榮，道瓊指數從一九九一年到一九九八年翻了三倍。光是在一九九七年就漲了三十三％，隔年的前七個月也漲了二十三％。在美國金融業工作的我，自然是樂開懷。

但是，這美夢很快就被下一場風暴震醒了。

一九九八年八月，俄羅斯國債違約。主要導火線是因亞洲的經濟蕭條而導致油價大跌，俄羅斯最大的外匯來源受到重挫，盧布大幅度貶值，央行衛護幣值失敗，市場大量拋售俄羅斯國債。

這回，美國難以獨善其身。尤其一家我們都認為「大到不能倒」的金融機構，在這次危機中轟然倒塌。影響之大，美聯儲都被迫干預救市。

這家公司叫作長期資本管理公司（Long-Term Capital Management L.P.，簡稱LTCM），在前一年的亞洲金融風暴賺了不少，卻因為槓桿過高（二十到三十倍），加上俄羅斯國債違約，導致這家公司可能損失上千億美元，而且可能拖倒一家或數家大投行。

美聯儲擔憂美國金融系統被拖累倒塌，因而召集所有銀行老闆一起洽商拯救資本市場。

這輪風暴來得又快又猛，前後大約數星期時間，我眼睜睜看著股市與債市每天跳水式大跌，而且融資市場完全停止運作，許多的債市均停止交易，市場流動性徹底消失。

坐在CGA辦公室裡頭，我不敢置信地看著彭博機上各項慘澹數據。CGA資產大跌，資金鏈在斷裂邊緣。辦公室的電話聲此起彼落，都是各大放款銀行追繳保證金[1]的電話。

此時此刻的華爾街，正面臨腥風血雨的連環爆，我心中更是風雨雷電交加。

靈光一閃腦中風暴

回想起事件發生前，我與上司湯姆早已討論過，公司當時有相當重大的潛在風險。

我與湯姆曾向總裁提出警示：「CGA公司目前的資產架構其實處於高度危險的『借短貸長』的狀態——拿大量短期借貸，用於長期投資。也就是說，當我們有必要償還短期貸款時，可能無法變現。這就是典型的『資產負債期限錯配』[2]。這種作法在產業一切穩定狀態下還行得通，但只要刮起颱風，遇到風雨交加的日子，很可能會出事。我們不可不慎。」

一九八七年黑色星期一之後，金融市場已度過十年相當安穩的時期，多數業者習慣了穩定狀態，已無法想像風雨交加的危機。CGA的總裁也不例外，並沒有將我們的顧慮付諸行動。

然而俄羅斯國債違約事件卻發生了，引發的一連串違約情形，將CGA拉入深淵。

湯姆又再點了一杯威士忌，隨口問道：「你記得我們曾向公司提出要把長期資產包裝成保單式的金融商品嗎？」

「我記得，我們那時想盡辦法說服老闆，因為保險業沒有資產負債期限錯配的潛在風險，保單是保險公司的長期負債，公司拿了保戶的資金再投資於長期的資產，資產與負債的期限是相等的。我們都認為，利用保單的長期優勢來做融資是可

---

1 機構向銀行貸款進行投資，資產價格大跌時，擔保該貸款的資產價值也會隨之下降。這時，銀行可能會要求借款機構追加保證金，以確保擔保貸款的資產價值與貸款金額保持一定比例，這種做法能夠降低銀行在借款人無法償還貸款時的風險。這被稱為Margin Call：追加保證金要求。若無法滿足追加保證金要求，通常銀行可強行賣出機構的資產以止損，此為「平倉」。

2 歷史在二〇二三年再度重演，同樣的風險在二十五年後，拖垮了銀門銀行、矽谷銀行、簽名銀行、第一共和銀行和瑞士信貸銀行。

行的策略。」

「可惜，要是當時有這麼做，或許公司就不至於走到這步田地。」

回想種種「如果早知道」，在酒精催化下更令人沮喪，但一切後悔莫及。我倆同時啜飲了一口淡咖啡色的威士忌，濃醇的香氣混著濃烈的酒精，在喉頭久久消散不去。

突然間，我倆互看一眼，幾乎是異口同聲說：「如果……」

湯姆沒繼續說，我接著把心中的想法說出來：「如果，我們把每天在交易的商業房地產抵押債券和不動產投資信託證券，包裝成類似保單的金融商品，再由穆迪和標準普爾做信用評級之後賣出，不就解決了資產負債期限錯配的問題嗎？就像市場上已經有的擔保債券憑證[3]、擔保貸款憑證[4]，我們可以做出『債務擔保證券[5]』。」

「這正是我想的！」湯姆彈個響指，表情興奮地對我說。

「要不要建議公司這樣做？」我問。

「他們不會答應的。」沉思片刻，湯姆回答。他接著將剩下的威士忌一飲而下，隨後轉頭看著我，緩緩說出：「要不，我們自己做？」

最溫柔雙手，最堅強後盾

一九九八年十月，我帶著新婚的老婆到義大利度蜜月。雖然梵蒂岡的西斯汀禮拜堂令人嘆為觀止，但說實話，我的心總是懸在離職創業的想法上。

旅行期間，她與我聊起工作近況，我便坦白說出創業想法：「我們都知道，這家公司應該撐不久了，再待下去也不會有好下場。我們想，不如自己來做一番事業。但是，如果要創業，我會有好一段時間沒收入，我會需要你的支持……」

她身為精算師，對於金融產業也有相當深刻的認識，完全能理解我們的構想。「我們對於債務擔保證券的概念深具信心，我們相信這是一條可行的路，也是一條市場上還沒有人走過的路。我們一旦做了，就是市場的拓荒者，可以搶得先機。」說完，我靜靜看著她。

她緩緩說：「投入一年進行創業嘗試，我並不擔心家裡收入，畢竟我也是有穩

---

3 Collateralized Bond Obligation，簡稱CBO，以非投資等級債券包裝分級售出。
4 Collateralized Loan Obligation，簡稱CLO，以銀行貸款為標的包裝分級售出。
5 Collateralized Debt Obligation，簡稱CDO，以不動產抵押貸款證券包裝分級售出。

定的工作。只是，你確定湯姆是個合適的合夥創業人選嗎？」

「在CGA與他共事以來，我發現我們的性格相當互補。他屬於外向型人格，善於表達，具有戰士的氣質；我則不善於表達，但心思縝密，可以想得更周全，可擔任謀士的角色。我相信這種互補性可以讓我們合作無間。」

「你們創業初期的資源哪裡來？」她接著問。

「只要我們都不支薪，其實公司只會有辦公室的支出。但是幸好湯姆人脈很廣，他早我一步離職，已經向荷蘭銀行免費借用一個辦公空間，有一張辦公桌與彭博機可用，讓我們省下一大筆開銷。」

她聽了沉默良久，最後問了一句：「那有沒有想過萬一失敗怎麼辦？」

「確實也有可能不成功，但我們就投入一年，全力拚搏。就算失敗，了不起就是這一年完全沒收入而已。我們還年輕，一年的時間不算什麼，完全可以再回到大公司找工作。一旦成功，這家公司、這個全新金融商品，有可能替我們帶來千百倍回報。」

經過一晚的詳談，妻子也下了決心：「我願意支持你的創業計畫！至於沒收入的部分你不用擔心。好歹我也是個精算師，收入夠養活我們倆了。」

我的心中滿是激動與感謝。我暗自下定決心，這一年要努力拚出成績，回報老婆的信任與支持。

創業的念頭已定，回到美國後沒多久我就提出辭呈，並與湯姆約定好，給我們自己一年時間。

一年之約，找出創業成功途徑

正面迎擊兩大挑戰

一九九八年底，我與湯姆創立了Structured Credit Partners（簡稱ＳＣＰ）正式成立，股權五五分，公司成立資本額一千美元。

我們公司的企業目標很簡單，也很單一，就是將商業房地產抵押債包裝成一檔金融商品，放到市場銷售。

當時我們對這個計畫相當樂觀，主要有三個原因：

第一，當時金融市場因資產負債期限錯配蒙受重大損失，對於能完全避免此錯誤的投資工具應會非常感興趣。

第二，我與湯姆在CGA任職時，經手過相當多這類型的債券，我們對這類型的資產證券化的流程與法規相當熟悉。

第三，經過俄羅斯國債違約帶起的混亂，商業房地產抵押債券價格掉到很低，非常適合套利。

「在我們成功發行債務擔保證券之前，有兩大關卡必須克服。」在計畫初期，我盤點接下來要克服的難關：

第一個是獲得權威機構（如穆迪或是標準普爾）的信用評等。分數愈高，意味風險愈低，愈能受到市場信任。如果未能得到評等，市場根本不會接受。

第二個關卡是金主。我們需要一大筆現金，買下一批商業房地產抵押債，才能進行證券化處理。我們當然沒有錢，所以需要找到金主，認同我們的想法，提供我們財務支援。

「沒錯，就這兩關。」湯姆聽我說完，說了一句：「不難吧！」

我們相視而笑。從那天起，我與湯姆擠在荷蘭銀行的一張小小的辦公桌，我們自己設計簡報、撰寫提案。滿腔熱血的我們，心裡只有一個方向：前進。

淋不完的冷水

現在回想，當時我們初生之犢，真的低估了前方的難關。

我們將提案與簡報完成後，接著就是分頭打電話，向各大銀行說明我們的想法，希望獲得銀行的支持。

「喂，您好，我是SCP的基金經理裕閔，我們有一個新的金融商品想要向貴公司介紹，不知道方不方便過去跟您們說明呢？」

「沒有需求，謝謝。」

「我們最近忙，以後吧。」

「我們考慮一下，再聯絡！」

電話那一頭，大多數直接拒絕，其餘則是給個軟釘子。

偶有少數幾間銀行願意給幾分鐘，聽我們陳述想法，甚至安排我們去面對面說明。

有時前往簡報時，對方似乎對我們的提議十分認同，甚至在會議中談到了合作的具體方式與獲利前景。每次開了這樣的會議後，我們總覺得：「事要成了！」心情像是飛在雲上。

然而，後續聯繫總是逐漸沒有消息；有時則是電話告知提議被否決。遇到打擊時，我們又難免陷入低潮，自我質疑：「這個想法，是否一開始就是錯的？根本沒希望？」

我與湯姆的心情好似在搭雲霄飛車，上上下下，起伏不定。

我與湯姆曾經深刻地討論：「為什麼這個想法如此難以受到銀行的信任與肯定？」

湯姆以金融專業的理性思維回答：「畢竟我們公司規模那麼小，只有兩人，且資本額小得可憐，成立時間也不夠久，甚至還沒有任何成功的經驗，要這些大銀行如何信任我們，甚至出資支持我們？」

望向窗外曼哈頓高樓林立的天際線，太陽西落，我深深嘆了口氣：「何時這些高樓中，有我們的一席之地呢？」

雖然逐漸發現了這條路的艱難，我與湯姆不放棄任何一絲希望，持續打電話、拜訪銀行。我們幾乎走遍全美與歐洲各大金融機構，敲過無數的門。

必須全力攀爬的高山：信評

在尋找金主時，我們也同步聯繫信用評等機構。我們非常清楚，沒有取得信用評等，金融商品就賣不出去。而信評機構對我們的構想是否樂觀，是否表示可能取得優良評級……都影響了機構和我們合作的意願。

我們的目標是，取得最大兩家信評公司：穆迪、標準普爾的信用評等。因為這兩家公司是市場最具規模，也最被信任的信用評等公司。

當我們敲下了與穆迪公司高層的會議，我明白，這可能是我一生最關鍵的期末考。如果搞砸了，我們公司就不用玩了。

我在事前無數次的演練，以最自信、最清晰的方式，為穆迪高層解說。

當我說明完畢，評等分析員提出一連串有關模型設計上的技術性問題，我都迎刃而解。穆迪高層點了點頭，表示認同，也給予我們的想法正面評價，但他們對於我們這家公司與商品還是有些疑問。

「這樣的新產品對投資者有什麼吸引力？」

「我們會把組合風險分散於全美的商業房地產市場，背後有成千上萬的企業承租方的租金現金流背書。這樣的創新作法，可以大大提高債券的安全性。」我充滿信心地回答，「而且，憑著我們長久在商業房地產抵押債市的經驗，已經收集了相當可觀的數據，可以證明這點看法。」

「若真有這樣的數據，應該有助於評等的過程。」評級部主管慎重地說，「另一方面，雖然兩位在這個領域很資深，但貴公司剛成立不久，規模還小，希望您們能夠確保充沛的資金來源。」

離開穆迪公司之後，搭地鐵回辦公室途中，我們覺得好像洗了三溫暖。一方面，取得信評公司的高度肯定，是給我們最大的鼓勵，讓我們更有信心往下一階段邁進。可是與此同時，我們也感覺到一股乏力感，因為一直無法找到金主，不但做不出產品，更不用說評等了。

通往成功的最難關卡：資金

與穆迪的會議結束後，我與湯姆繼續馬不停蹄找尋資金來源。好像有了進展，但也好像一切未曾改變。我們每天繼續過著宛如搭雲霄飛車的日子。不斷打電話、做簡報、被拒絕……。

好些大公司，即使欣賞我們的產品能解決資產負債期限錯配問題，即使我們告知穆迪已經對評等表達樂觀，仍然不足以說服他們進行合作。他們的託詞通常是：「我們公司很感興趣，但是對於新的產品仍然抱持比較保守的態度，如果哪天貴公司發行成功，我們願意在其後與貴公司合作持續推出下一檔商品。」

我與湯姆明白對方的顧慮，因為多數華爾街的投行都是如此，不願意冒險做第一個，不願意承擔買賣實驗品的風險，更何況是投入一家剛成立不到一年的兩人公司。想想看，有哪個銀行家會冒著可能丟掉工作的風險，背書一項從未發行過的金融商品？

今天跌倒了，隔天我們再爬起來。我們試著再和先前聯繫過的每一家催促遊說，但表示有興趣的銀行卻全部遲遲沒有給予回覆。眼看距離我與湯姆約定好的一年創業截止日只剩一個月，我們愈發沉重的心情，像曼哈頓的夕陽，漸漸墜落於摩天大樓之間。

直到有一天，我們小辦公桌上的電話，響了。

締造佳績，敲開大門

桌上的電話響了兩聲，我趕緊接起來：「您好，這裡是SCP，請問哪裡找？」

「您好，這裡是Paine Webber，我們主管想邀請您們過來聊聊關於上次的合作案。」

Paine Webber在當時華爾街算是小規模的投行，幾年前遭遇一連串資本損失，所以我們一開始就不寄予厚望，沒想到竟會是這間投行打來的。

我聽到是Paine Webber時，立刻轉頭以無聲的口語方式對湯姆說：「是Paine Webber！」湯姆立刻停下手邊的工作，仔細聆聽我們的對話。

「沒問題，請問貴公司何時方便？」

創業結束，事業開始

到了約定的那天，我與湯姆西裝筆挺，準備充分，昂首闊步地走進Paine Webber的會議室。

會議室裡頭，坐了好幾位先前沒出現過的人物，一看就知道是公司的最高層主管。我與湯姆有條不紊地開始介紹債務擔保證券：「債務擔保證券發行的憑證債券和擁有的資產期限完全對稱，由此可見，可以有效解決商業銀行的資產負債期限錯配的問題……」這些內容，我在一年內可能說了上千次，經過不斷打磨，內容極為完整且流利。

「你們的想法很棒，我們十分有興趣，只是不知道信用評等的部分，是否搞定了？」簡報完後，一位主管詢問。當然，在我們的預料中。

「是的，我們已經確定可以取得穆迪的信用評等。」

「那太好了，有了穆迪的信用評等，想必之後要取得標普的評等也不是問題。」

「是的，我們也正在與標普溝通中。」

該名長官聽完再次點點頭，接著笑笑地說出即將改變我一生的話：「那我們可以來談合作細節了。」

我與湯姆相看一眼，臉上迸出笑容。

經過詳細商議，我們最後談定，對方出資三億美元創立第一檔債務擔保證券，獲利七三分。

走出 Paine Webber 所在的大樓，陽光亮得刺眼，我與湯姆開心地差點要在第六大道上大聲歡呼。耗時將近一年的心血，終於要化為實體產品推出了！

我們將第一檔債務擔保證券命名為 Ingress，意為「開啟」、「入局」，象徵我們公司就要開始揚帆前進。

一年辛苦，終得回報

獲得 Paine Webber 資金後，我與湯姆此時的任務，是要盡可能把第一檔債務擔保證券全部賣出去，證明創新產品的吸引力。因此，我倆可說是走遍全美與歐洲，搭著飛機飛來飛去，到處兜售 Ingress 債務擔保證券。

終於，在二〇〇〇年的三月，第一檔債務擔保證券 Ingress 發行了。在這天，穆迪公司對外發表新聞稿，指出此檔證券有穆迪的專業評等支持。

Ingress 成功發行之後，銷售非常順利，市場需求極為明確，淨利潤達到全金額的二%。也就是說，三億美元的資金，產生了將近六百萬美元的淨利潤。我與湯姆可分到近兩百萬美元。

回想起過去一年，我們在艱困的背景下創業，創業資本微薄到可以忽略不計，在卑微的工作環境中苦熬，面對最冷峻的市場環境。

在這一年之中，我們無薪資地工作，跑遍天涯海角，我們過了一關又一關，掙到了人生的第一桶金。

但是，享受成就感的時間只有一剎那。我們不讓自己耽溺於喜悅太久，因為我們知道，華爾街的其他銀行，看到我們的成功，肯定會爭相模仿推出類似商品。我們得立刻思考公司的下一步該怎麼走、該往哪走，以免被同業追上甚至超車。

進入「接電話階段」

Ingress 成功後，消息在華爾街不脛而走，引起了許多投行關注，陸陸續續有銀行打電話找我們合作。

這當中有兩家全美排名前十名的銀行，分別是美國銀行與美聯銀行，都是商業房抵押債的龍頭承銷商。兩家的投行領導人眼見 Ingress 的好成績，都看好債務擔保證券未來發展，並認為這個產品將是他們下一階段的營業主力。於是非常大方地祭出優渥的條件，吸引我們加入他們的行列。

我與湯姆一時之間難以拿定主意，正猶豫的時候，美聯銀行固定收益部主管克蒂斯打電話給我們，邀請我們餐敘詳談合作計畫。

「好的，請問是哪家餐廳？」我拿起筆打算抄下餐廳地址。

克蒂斯笑著說：「請直接到機場，有私人飛機接你們。」

一天繞半個美國，達成協議

幾小時後，我們人已經遠離刮著寒風的紐約，在美國南岸爵士樂大城紐奧良的一家高級餐廳中，與克蒂斯及其他美聯銀行的高階主管用餐。

用完餐，他們再以私人飛機載我們到北卡羅萊納州夏洛特的郊區，乘坐私人遊艇享受湖岸風光。一路上，我們和克蒂斯談了不少關於對債務擔保證券美好前景的期待，雙方都有著高度信心。

抵達遊艇後，克蒂斯還在遊艇上半開玩笑對我倆說：「今天若沒有達成協議，我可不讓遊艇靠岸哦。」

我與湯姆對於如此高規格款待與重視感到喜出望外，同時我們心裡也很清楚，為什麼美聯銀行要如此大費周章與我們合作。

SCP握有債務擔保證券設計、取得信評、銷售交易整個過程的完整經驗，一旦我們加入美聯銀行，他們就可以用最快速度推出一檔接一檔的債務擔保證券。

美聯銀行的誠意打動了我與湯姆，在遊艇上，我們達成了合作協議：

SCP將會併入美聯銀行，SCP會保留未來所有債務擔保證券管理收入的八十%，且套利可獲兩成分紅。

從此刻起，我與湯姆再也不用擔心資金問題了。有了美聯銀行作為靠山，我們將獲得源源不絕的資金，而且可以拿到極為可觀的利益分配。

然而，我們也知道，併入美聯銀行不是從此坐享其成，而是更大挑戰的開始。當華爾街同業開始爭相模仿債務擔保證券，並紛紛推出產品，美聯銀行如何在市場上占據最大份額，發揮最大市場影響力？

我們的考驗還沒結束。

回首創業路，實質收益千倍

踏入美夢，更乘勝追擊

美聯銀行的辦公室位於曼哈頓中城四十九街大樓。從此之後，我的辦公場所就位於頂樓交易大廳。

這是我第一次在真正大型交易大廳工作。如無數的華爾街電影演的那樣，面積堪比足球場的大廳中，動作快速的年輕人目不轉睛地注視著螢幕，脖子上掛著電話聽筒，手指快速敲打鍵盤，交易著各種證券。

頭一次踏進交易大廳，我感到目眩神迷，這是我自踏入職場就夢想的工作環境，更是我最嚮往的資本家競技場。看著數不清的彭博終端機和平板電腦螢幕，全世界金融資產交易價在其上跳動，瞬息萬變，我知道自己將在這裡展開人生新的一頁。在夢想實現的這個時刻，一切反倒有些不真實。

此時，克蒂斯提醒我們：「進入美聯銀行後的第一場戰役格外重要。有些同事、主管仍舊質疑這個新產品是否能夠幫美聯賺到錢。」

我心中的鬥志瞬間被激起，開始與湯姆馬不停蹄地設計第二檔債務擔保證券，幾個月後，我們發行第二檔債務擔保證券，取得與第一檔同樣的利潤，徹底驗證商業模式可行，而且可以複製，在市場建立起口碑。

正當模式得到驗證，我們卻在此時決定修改作業模式：「華爾街群強環伺，競爭者必然會不斷湧上，如果我們的作業模式不改，每五、六個月才發行一檔產品，美聯銀行獲利的天花板太低，市占率會慢慢被稀釋掉。」

要乘勝追擊，我們必須尋找更有效率的方法，在更短時間內得以發行更多的債務擔保證券。

快馬加鞭，搶攻市占率

設計及發行一檔債務擔保證券，對我們來說已經是得心應手。但是要如何才能加快發行的速度呢？

在一次會議上，我與湯姆腦力激盪，商討出透過「系統化流程」的方式，進一步提升效率。

我們在會議中和克蒂斯提案：

「未來債務擔保證券所有作業流程將標準化，包含各類文件、資訊整理、報告等等，全部都統一格式。

透過標準作業流程的作業方式，可以降低債務擔保證券成立的費用，並加快推出速度。而投資者看到標準化的產品，也會更信任。」

克蒂斯對此想法大為讚賞，全力支持。這個平台完成後，還被克蒂斯命名為Crest[6]。發展出Crest之後，本來將近半年才能發行一檔債務擔保證券，可以加速到每三個月一檔。就好像早年福特汽車發明了生產線，成本降低、生產速度加快。

這個平台的好口碑，讓美聯銀行久居商業房地產類別債務擔保證券發行量的龍頭。隨著債務擔保證券快速發展，我們的團隊更進一步開始擴大可納入運用的資產種類範圍，包括擔保貸款憑證、資產抵押擔保證券[7]、不動產抵押貸款證券[8]等等，讓我們的業務範圍更加擴大。

遍地需求，來自全世界的呼喚

那幾年間，我與湯姆不斷開拓債務擔保證券市場，不僅是買方的市場，也包括發行端的合作對象。

為完成這些工作，我飛到世界各地，拜訪各大投資機構，演講說明產品的優勢，增加市場投資方的接受度。

商務旅行讓我的足跡遍布於世界各地，包括連一些華爾街大投行都陌生的國家，例如捷克、沙烏地阿拉伯、科威特、巴林王國、汶萊等地。只要投資機構資本夠雄厚，想投資更高的報酬率，我都前往說明。我個人的紀錄是，搭乘超過音速兩倍的協和客機，一天之內往返紐約和倫敦，好及時參加不同客戶的會議。

在我們不懈的努力下，美聯銀行靠著Crest搶得市場大量份額，並成為華爾街最出名的債務擔保證券投資銀行。我們合作的對象遍布全球，涵蓋金融界數一數二的大品牌，例如資本雄厚的通用汽車、歷史最悠久的全盛基金公司、法國最大保險業者安盛集團等等。

---

6 Crest 為 Commercial Real Estate Securitization Trust 的縮寫，此字在英文中的字意是山峰，或是動物的羽冠、肉冠。

7 Asset Backed Security，簡稱ABS，指的是將一組資產的未來應收現金流量，經過包裝並增強信用，透過發行證券的方式於證券市場發售。

8 Mortgage Backed Security，簡稱MBS，指的是將不動產相關的抵押貸款，經過包裝並增強信用，透過發行證券的方式於證券市場發售。

其中有一個令我印象特別深刻的例子，是美國教師退休基金會。

美國教師退休基金會是美國很有分量的商業房地產大投資機構，他們擁有許多商業大樓、購物中心和住宅公寓，這些都是非常優質的資產。

該基金的管理層和我說出他們的苦惱：「我們發現手中握有這些優質資產，卻沒辦法為我們的客戶創造更大利益。就你看來，債務擔保證券可以如何幫到我們？」

這樣的問題，我回答過無數次了。我不急不徐地說明：「試想一下，如果你們從手中的組合挑出一部分商業不動產債券，我們可以包裝成債務擔保證券，再把優先等級券銷售出去，貴公司仍然保留著穩定且可觀的利潤。如此一來，你們不必賣掉資產也能獲得更佳的回報，也讓這些資產與資金有了流動性。」

我們也展示了其他客戶利用這條途徑創造的利潤，美國教師退休基金會聽完相當感興趣，很快就決定合作。

美國教師退休基金會的成功案例，不僅象徵 Crest 平台的成功，同時獲得這家老牌機構的肯定，也讓我們在業界的領導地位更為鞏固[9]。

實質收益千百倍

我在美聯銀行任職期間，在全美國、全世界奔波不斷，推廣債務擔保證券概念，並協助許多大企業建立起屬於他們自己的商品。

根據標準普爾的數據，該機構至少評等過一千個以上債務擔保證券項目；在二〇〇八年以前，這類投資總價值已經達到五千八百億美元。

二〇〇六年左右，美聯銀行一年可以發行十至二十檔債務擔保證券，相當於一百億美元以上的總發行量，美聯銀行的資本額也跟著水漲船高。

我所領導的結構信用產品部門，成為美聯銀行最高收入的團隊，每年可替公司帶入上億美元的利潤。美聯銀行[10]更躍升成為全美第四大銀行。

回首創業路，當年投入一年薪資作為創業資本，後來產生超過五千倍以上的回

9 同時期，我們也協助富邦投信發行了台灣第一檔全球不動產基金。

10 我們所任職的美聯銀行，在二〇〇一年與另一家銀行合併，改名 Wachovia，金融海嘯之後併入富國銀行（Wells Fargo）。在文中我還是以美聯銀行稱之，以益閱讀流暢度。

報。

太值得了。

你也可以，打造「事業體投資策略」

創業為我帶來的，不僅是財富，形而上的收獲更是難以估算，例如：

- 站上更高的視野與格局，讓我能發現前四章談到的投資機會。
- 學習到更全面與前瞻的思維模式，讓我更懂得投資的真諦。
- 體會到領導團隊的意義，讓我在更多人的生命中做了正面的影響。

沒有那一年的披荊斬棘、為自己也為行業開闢了嶄新的成長路程，就無法在日後撬開一扇又一扇的機會之門，得到幸運之神的眷顧。

我的故事雖有特定時空情境，但其中有幾個原則，適用於每個人的「事業體投資策略」。

創造「獲得轉機」的機會

人們的心智擅長於評估潛在損失。損失容易測量，失敗的情景不難想像。但是要捕捉潛在收益卻極不容易，因為失敗只有一步之遙，成功卻是經年累月，點點滴滴累積出來的。

我們永遠看不清前面的道路，無法預測所有的不確定性和未知數。因此，必須踏入未知，親身前行，才能知道前路終究引向何方。當年如果我沒有毅然辭職，走上創業路，我永遠不會擁有後來的轉機。

創業所面臨的未知數，無法透過任何分析方法絕對正確地預測掌握。可以說，敢跳入黑洞尋找亮光，必須具備某種傻勁。

這種旁觀者認為是傻勁的抉擇，事後諸葛有可能評為眼光、僥倖或者冒失輕率，然而這些詞彙都無法涵蓋全貌。

創業，如人飲水，冷暖自知。

迢迢創業路，心態是關鍵

能否下定決心創業，我歸納出兩種必備的心態：

一、以長時間與廣大格局作為創業的框架

說得具體點，一九九八年底我對創業與否的抉擇，如果以一至兩年的時間來考慮，創業的確是幹傻事，因為成功的機會渺茫，失去的薪資算得出來。任何理性的心智都會作出這樣的結論：創業是海底撈月。

但如果思考框架是一輩子，或是三、四十年，甚至更長的事業優化過程，那麼喪失一年薪資實在是滄海一粟。

站在一定高度，審視一些表面上看起來高風險的項目，如本書提及的創業、投資特斯拉、入股方舟，更能欣賞到投資的大局觀。這正是所謂換個角度（包括時間觀）看世界，景象就會完全改變。

二、不懼失敗且相信自我的心

若是著眼於創業者面對的劣勢與不確定性，將必然導向不可能成功的結論。許多人都可以對我們潑出合理的冷水，質疑計畫的可行性，例如：更大的企業有更豐富的資源，可以打敗我們剛起步的創新規劃；這個主意一定行不通，因為這麼簡單的想法別人一定嘗試過了等等。

然而，創業其實是不斷地從失敗中學習、矯正、再出發的過程，是多次性的博弈。在這種博弈中，學習和矯正是關鍵。只要有足夠的耐力和毅力熬過失敗的期間，且相信自己，終有勝出的機會。

打造事業，要看見未被滿足的需求

創建一個事業，成功前提是能對應時代的需求。事業的成功與否，最基本的條件是利於大眾。新的構想能夠解決的問題愈大，新事業所創造的利益會愈大。

以我創業為例，我與湯姆之所以能夠想出債務擔保證券，並不是偶然，更不是突發奇想，而是清楚看到一九九八年金融風暴後，金融界對於資產負債期限錯配問題的憂慮。如果沒有一九九八年風暴，世界不會了解資產負債期限錯配的殺傷力，而且債市也不會一團糟。

從我們角度看，當時的危機反而提供了最有利的創新條件。我與湯姆看到這個極為迫切的需求，找出亂局的源頭，並提供解方，也就是以商業型房地產債為核心的債務擔保證券。當債務擔保證券一發行，立刻取得巨大成功，絕非偶然。

有計畫的冒險——慎重評估同伴與糧草

要建立一個新企業，填補自身弱項是首要任務，所以成功的創業大多數都是團隊的奮鬥。取長補短，尋找到與自己互補的合作夥伴是成功創業的必備條件。

創業過程中，我的夥伴湯姆和我成為華爾街膾炙人口的最佳搭檔，我們相輔相成，互補對方的弱項。後來選擇了有力的美聯銀行為靠山，更是借力使力的表現。運用組織的資源加上槓桿效應，成功幫助我們更快速把事業做大。

最後，讓我得以度過虧損期／零收入期的支援力量，則多虧了我的太太。以她當時精算師職業的收入，足以養活我倆、支付各種家庭開銷。但最重要的是，她支持我創業，成為我最堅強的後盾。

有了以上這些後援、準備，我才有辦法與湯姆好好打一場名為創業的仗。

不對稱的賺賠率

打造事業與投資相同，抉擇的關鍵在於風險與回報之間的權衡。創業不能只看損失的風險，收益的潛力更應該納入考量內。

如果投入創業的損失風險有限，損失在可以承受的範圍內，且收益的潛力遠遠大過損失風險數倍之多，這樣極度優勢的賺賠率是罕見的機會。有如一道完美的球路，正等著準備充足的球員，大力揮出一支滿貫全壘打。

一個人最寶貴的資本莫過於時間與精力，年輕就是本錢。面對亂象叢生的時代，找出問題的癥結、創造為社會提升價值的解方，實現千百倍報酬並不是天方夜譚。

第六章

防守投資法——辨析風險

點石成金？華爾街圈套世界的造市魔法

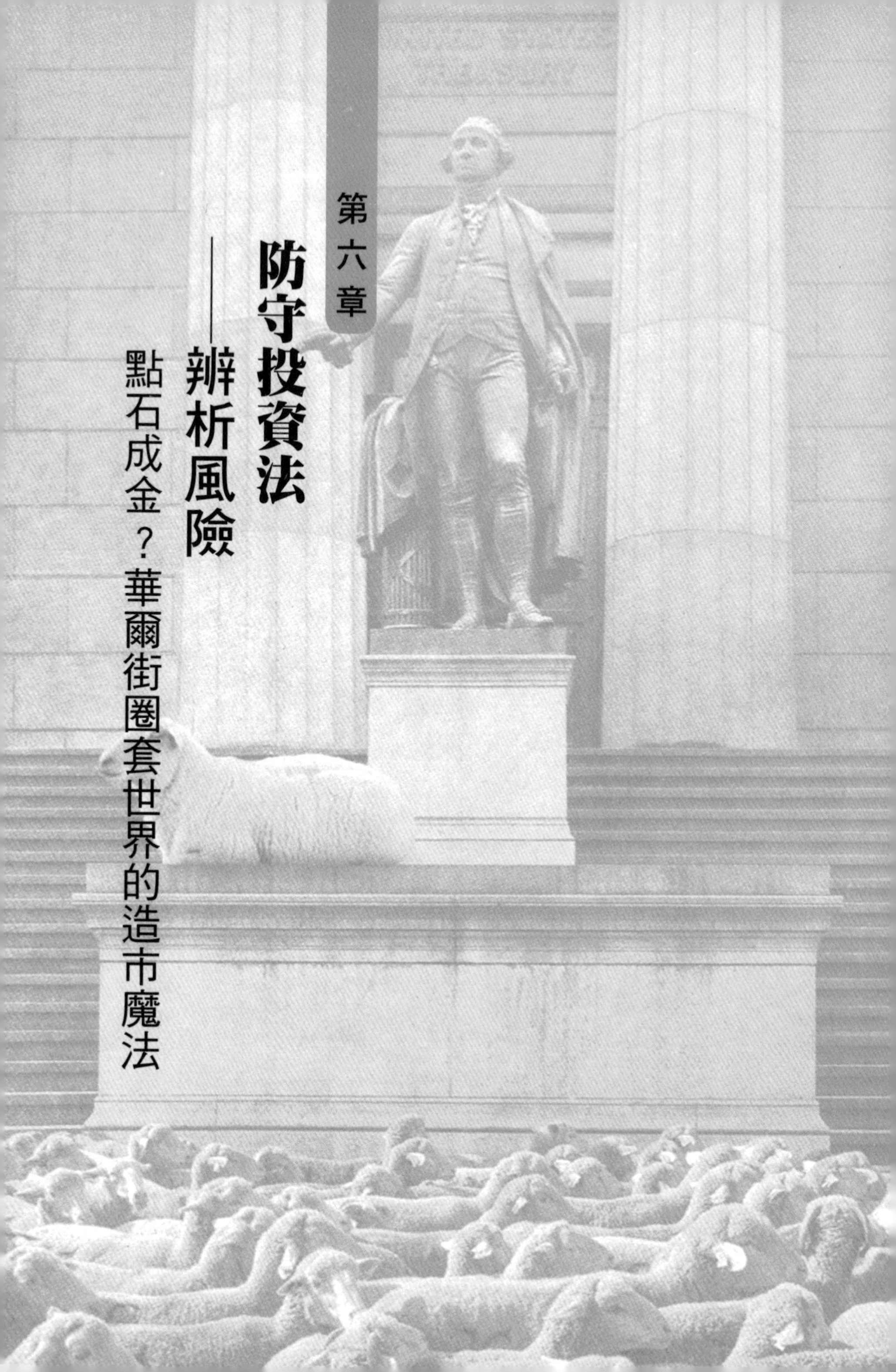

前言

美國職業球賽是個大生意，而其中，美式足球更是最賺錢的行業，每年的賽季都能帶給球隊老闆和球員上百億美元的營收。

美式足球業內有句人人奉行的座右銘：「進攻可得分，防守得冠軍。」這一句話，可為這一章將細談的投資防守策略點出精髓。

二〇〇八年，華爾街上演了自大蕭條以來，最劇烈的金融危機，後來被稱為金融海嘯。震源來自於被扎破的美國房市次貸泡沫，再通過接二連三爆破的創新金融產品，引發強烈震幅，擴散到全球各地金融市場。所有金融從業者都無法倖免，就連市井小民也會憂心銀行的提款機是否還有現鈔。

本章將以此事件為案例，說明金融業內的陷阱，以及投資者可能犯下的各種決策偏誤。透過本章讓大家了解行業裡的系統缺陷，接著才能夠談自保對策。

我們都知道，華爾街是現代全球經濟的心臟，金融業則是連接整個體制的大動脈，不可或缺。但是，完全聽信「華爾街」的美好說詞，泡泡爆破的那一刻，只能後悔莫及。

身為投資人，我們務必要做到的是：亂局之中，我不賠。

大潮退去，海嘯來臨！

喧鬧的市場背後，嗅到不尋常跡象

在曼哈頓中城四十九街高樓頂，我透過落地窗向下望，眼見紐約市的車水馬龍，以及由高樓大廈組成的天際線。

在美聯銀行工作了幾年，債務擔保證券替我帶來了我從未想過的報酬與職位。這種立於頂巔的感覺，讓我有些飄飄然。

然而在二〇〇六年左右，我赫然發現我腳下的地板，開始搖晃。我試圖站穩腳步，但搖晃程度愈來愈大。這樣的震動是哪裡來的？

首先，我觀察到債務擔保證券的淨利潤率正不斷收縮。

從二〇〇〇年到二〇〇五年，美聯銀行的營收與資本額同步增加。但二〇〇五年之後，資本額增加，營業額卻沒有跟著上升，顯示淨利潤率開始收縮，債務擔保證券已經不再如以往那麼賺錢了。從經濟學理論來看，債務擔保證券業務已經飛躍過邊際回報遞減定律的最高點，往後投入更多的資本只會降低淨利潤率。

第二個原因，來自於信貸市場過熱。照理說，越高風險的債券，報酬率要越高。然而資金不斷湧入，把所有的債券都炒得過熱，很多高風險債券的報酬率愈來愈低。

最後一個原因則是過度進取的承銷策略。我注意到，愈來愈多外國投行湧入債務擔保證券的承銷業務，他們採取非常激進的策略，承擔了非常高的風險，且債務擔保證券中的抵押品，風險也比從前更高。

這三個原因，讓我感覺到支撐著美聯銀行，乃至於整個華爾街金融行業的地基，都在晃動。但是，當我開始為整個產業的前景感到憂心時，整條華爾街從上游至下游的各行各業卻正處於房市、股市榮景的狂歡。人人都相信牛市將無限延伸，我的憂慮根本無人理睬。

心懸不祥之感，我開始構想人生的下一步，最好能以目前債務擔保證券的成績，爭取進一步拓寬視野的機會。

因緣際會下，剛好公司有意開拓亞洲市場，於是，二〇〇六年底，我向公司自薦到亞洲開啟亞洲區業務。隔年七月，我以首任亞洲區主管的身分，攜家帶眷搬到香港。

債務擔保證券盛行，逐漸造成次貸氾濫

在我前往香港發展業務的同時，美國房地產與金融市場發生了巨大的變化：「次貸（次級房貸）氾濫」逐漸形成可怕的資產泡沫，泡沫不斷膨脹，隨時可能爆破。

後見之明來看，事情是這樣發生的：

二〇〇〇年到二〇〇七年間，美聯儲揭幕了二戰以來最低利率時期，低房貸利率促使許多人向銀行貸款進入房市購屋，掀起房價抬頭與購屋潮的正面循環。漸漸地，條件越來越差的人也試圖申請貸款買房，其中包括沒有收入、沒有工作、付不出頭期款，或是信用極差的人[1]。

1 謔稱之為：「忍者貸款（NINJA Loan）」，為 no income, no job and asset loan 的縮寫。

銀行的本職，應該為貸款把關，拒絕缺乏資格的人貸款。但在信貸泡沫的高峰期二〇〇八年之前，有些銀行和房貸公司卻來者不拒，肆無忌憚地大量放款給各種等級的購屋者。

為什麼？

原來，正是因為資產證券化的興盛，甚至濫用。

美國有幾千家小銀行，在小城鎮吸收儲戶資金，然後放貸於地方的房地產。這樣的營運模式下，銀行放貸非常小心，因為若產生呆賬，將直接影響公司的利潤，甚至造成虧損。

當資產證券化快速發展，提供給地方金融機構更多的流動性和靈活度，放貸方不需持有貸款，可以透過證券化賣給第三者（債券投資方），並由第三者承擔風險。這樣的創新，允許銀行界靈活管理自身的貸款，轉移呆賬風險。但是，也埋下了更大的危機，也就是二〇〇八金融海嘯的起因。

當貸款方不再承擔風險，投資方也鬆懈了對風險的警覺性（因為二級市場可以提供任何時間出場的流動性），導致整個金融系統對信貸風險的警覺性一天比一天鬆懈。過度鬆懈之下，房貸的違約風險非但沒有消失，反而集中在投資者身上。

二〇〇〇年到二〇〇六年間，不符合正常條件的貸款，包含次貸，日益盛行。據估計，這段時間次貸規模高達一．三兆美元。史無前例。

房市泡沫儼然形成，卻沒什麼人發現與看穿。

債務擔保證券炒作到最高點，高風險商品樣樣來

在房市發生泡沫化的同時，債務擔保證券成為市場上最熱門的金融商品。追根究柢，根源在於美聯儲的貨幣政策過度寬鬆過久，從二〇〇一年一月到二〇〇三年六月，總共降息十三次之多！聯邦基準利率由六．五%降至一．〇%。

在如此低利率的環境下，不但投資者均竭盡全力尋找能帶來更高回報的資產，許多國際大投行也在泡沫高峰期紛紛投入債務擔保證券的承銷。

這當中，有些投行為了大賺一筆，採取了更激進的手段，包含將大量次貸的抵押品包進債務擔保證券裡頭。市場甚至出現將債務擔保證券再次打包、三次打包的債務擔保證券商品，讓債務擔保證券更不透明、更難查核其債權品質。甚至，許多高評級的債務擔保證券，內容物竟然都是次貸經過不斷重複包裝後的產物。

同時購買這些金融產品的投資公司，還會以高槓桿操作，追求更高的利潤。整個市場根本可用「脫序」形容。

我記得，當時花旗銀行總裁在某場高峰論壇說了一句話：「只要音樂還在播放，我們便會繼續跳舞。」顯見金融機構高層漠視危機，甚至是無知的心態。

然而，市場能一直熱下去嗎，真的會有所有人都穩賺不賠的永久牛市嗎？一間間採取激進策略的大投行，有如丟下一顆顆未爆彈，已進入倒數計時階段。

次級房貸一起爆！金融海嘯迎面而來

當債務擔保證券如日中天地稱霸投資市場，次貸規模也來到歷史高點。然而美國政府的監管機制卻沒有發揮作用，次級房貸日趨氾濫，與債務擔保證券如同滾雪球一般不斷增長。

當美國聯準會發現長期低利率導致房價漲得愈來愈誇張，許多人擁有不只一間房子，更有許多還款能力不佳的人手握多個房產，這已是經濟泡沫的徵兆。於是美國聯準會開始提高利率。

二〇〇六年，美國聯準會將利率從一％漸漸調升至五・二五％[2]。

當利率提高，許多人開始付不出房貸而被迫違約。

根據美國抵押貸款銀行協會資料顯示，二〇〇六年第四季，即便是最佳信用借款人，違約率都達到了二・五七％，次貸違約率更高達十三・三三％。當房貸爆發高比例違約，許多包著次級房貸抵押品的債務擔保證券也就跟著破滅。

所有涉足債務擔保證券行業的金融機構，都面臨巨大虧損。

當代最重大的金融危機之一：二〇〇八金融海嘯，就此襲來。

美國華爾街成斷垣殘壁

以美國為震央的二〇〇八金融海嘯，對於全世界經濟都造成重大影響。許多世界知名的金融機構面臨資產價值蒸發、鉅額虧損，紛紛宣告破產，如：

---

2 你是否也隱然感到一股似曾相識的感覺？美國聯準會從二〇二二年初至二〇二三年九月，快速啟動十一次升息，利率達到五・五％。

- 二〇〇七年八月六日，美國第十大房貸業者「美國房貸投資公司（American Home Mortgage Investment Corp）」申請破產保護。
- 二〇〇八年三月，美國投行貝爾斯登（Bear Stearns）向摩根大通和紐約聯儲尋求緊急融資。
- 二〇〇八年七月，美國兩大房屋抵押貸款機構，房地美和房利美，因信貸虧損增加爆發財務危機。
- 二〇〇八年九月，雷曼兄弟宣布破產；美林證券被迫併購到美國銀行；美國國際集團（American International Group）受到美國政府資金挹注。

另一方面，美國股市爆跌、失業潮湧現、經濟成長陷入負值。美國政府不惜大幅調降聯邦基金利率降至〇・二五％，可見經濟受影響程度之深。

根據美國國家經濟研究局的資料顯示，這次危機導致的經濟衰退從二〇〇七年十二月開始，並在二〇〇九年六月結束，美國的經濟衰退大約持續了十八個月。

然而，即便經濟衰退在二〇〇九年中結束，美國經濟的恢復速度卻相當緩慢。失業率在二〇一〇年仍高達九・六％，直到二〇一三年才降至七・四％。而GDP

則要到二〇一三年第三季度，才恢復到危機前的水平。

全世界難逃一劫

二〇〇八金融海嘯在美國爆發，但其影響範圍卻遍及全世界。以市場崩潰來說，歐洲三大股市同步重挫，跌幅最多達到五十三%；日本股市跌幅達到五十一·一六%；台灣股市跌幅也達到四十四·八四%。

經濟重創也導致多個地區經濟成長率放緩，例如歐元區德國、義大利、西班牙的經濟都呈負成長，法國、荷蘭與比利時經濟趨於停滯成長，各國的失業率更大幅度攀升；日本經濟成長率也呈負值，物價持續下跌。

經濟影響層面更擴及失業率，商品、貨幣、資產價格跌破歷史新低。例如油價大跌七十六%、澳幣大跌四十%。

這波金融海嘯，捲起了滔天巨浪，影響的是世界每一個角落。

許多人都會感到很疑惑：由菁英、專家所構成的美國金融界，為什麼會讓這樣的金融災難發生？

華爾街金融界，如何失職造成一場投資災難？

我曾經身處美國華爾街的核心，在成群的交易員之間繁忙工作，並與夥伴打造債務擔保證券，並推向市場。

我見證債務擔保證券從無到有的誕生，解決了一九九八年金融風暴的病因，以及從乏人問津到稱霸市場的驚人成長。

當債務擔保證券站上市場頂巔，卻也因超速行駛而終於翻車，引爆了二〇〇八金融海嘯。這是整個系統的故障。應該守護金融系統穩定性的華爾街，每一個環節都出了問題，每一個被認為不該出錯的最糟情況，全都出現了。

華爾街是如何揹負著無數人的身家財產，一步步走向二〇〇八萬丈深淵？

休斯頓，我們遇上麻煩了！

金融界是個環環相扣的生態系統，當其中某一環節出了差錯，整個系統都有可能搖搖欲墜。二〇〇八年出事的環節卻是接二連三，這裡列舉幾個實例：

一、信評機構的偏差

信評機構應該擔當中立、客觀且專業的評等裁判，作為金融界公認的信用風險判斷基礎。就如許多現代的金融商品一樣，信評模型是建立在歷史發生過的違約事件統計數據上。

而當時，信評機構與絕大多數人一樣都相信：美國各地的房產不可能全部一起崩盤，這是歷史上從未發生過的情況。

但二〇〇八年，隨著美聯儲快速升息，大量還款能力不佳的債務人出現問題，付不出房貸比例快速升高，全美國無一州、無一城市倖免於難。

過去信評機構認知的債務擔保證券低風險的前提，瞬間瓦解。

二〇〇八金融海嘯，反映出信評機構的盲點：依靠歷史資料做決策，過去未曾發生過的事，就認定未來發生的機率極低；他們沒有估計到情境的實質變遷。當所有風險因子如骨牌排列，只要第一張倒下，後面就是無人能阻擋的連鎖效應。

二、銀行的激進行為

在經濟體中，銀行扮演著銷售和疏導資金的核心角色。但是，快速的創新和產品設計，使得銀行所發行的金融產品過度複雜，讓投資人難以看得透徹。

當一些激進的大投資銀行看到債務擔保證券有著「低風險」的標籤、「高獲利」的商業優勢，就反射性地不斷向商業銀行和房貸公司買進更多債權，當中也包含了大量的次貸。憑著優等評級的標籤，這些不斷重複包裝的債務擔保證券充斥市場。一般投資人還以為自己買到評等優良的理財產品，殊不知已經掉入滿布地雷的陷阱中。

在那個利率極低的環境，房市前景一片看好的美好泡泡中，一切都顯得合理。

三、媒體與理財專家的煽風點火

鼓勵「居者有其屋」政策是美國二戰後的一貫方針，透過稅法的優惠和房貸的補貼，竭力提高人民的住房率。經過多年只漲不跌的行情，全美國媒體與專家都高唱「投資房產準沒錯」的美好曲調，連帶的，以房產抵押品為結構債的債務擔保證券也跟著熱賣。

不少人在這期間賺到熱錢，上節目、接受訪談，大談自己的投資之道，以及如何轉手倒賣房產，替自己賺進難以置信的財富。

面對如此現況，權威媒體與市場專家所做的不是挑戰主流意見，而是跟風推出「大家想看的內容」，也就是接力歌詠：「房地產市場榮景，將會持續。」這場烈火再添乾柴，燒得更旺。

舉例來說，二〇〇五年，《時代》雜誌封面，寫著斗大的「Home Sweet Home」，還把S換成錢的符號（$），述說投入房市有多麼賺錢，對投資房地產帶來顯著的鼓勵效果。

四、投資機構的短視

二〇〇〇年到二〇〇六年間，因為美聯儲快速降息，大量的投資機構被迫在市場搜尋高報酬率的投資標的。高信評的債務擔保證券成了許多投資者趨之若鶩的對象。

不少投資公司為了提高獲利，採用槓桿投資。舉例來說，一%的投報率，加上十倍槓桿，將會得到十%的豐厚報酬。然而，如此走高空鋼索的模式下，十%的下跌就會讓自己血本無歸，傾家蕩產。

金融業本是層層把關的體系，在二〇〇八年時，卻一起出了大問題。商業銀行、信評機構、大型投行、投資業者、媒體與專家，這些華爾街的菁英、最顯赫的機構高層，成了骨牌陣：一張倒，全部塌。

在金融海嘯過後，許多大銀行高管、信評機構遭到起訴。信評公司及各大銀行，在美國司法部及二十一個州起訴下，受到鉅額罰款。

完美的理性市場理論，存在嗎？

自由市場的價格，能夠引導供給和需求達到平衡。供需則是源於每個人在私有制經濟體系中，盤算自身的利益下，做出最利己的決定。

經濟學之父亞當・斯密在所著的《國富論》中形容這市場運作的過程，彷彿在冥冥之中受到「看不見的手」指引。

信評公司、投資銀行、商業銀行、房貸公司、投資機構、媒體和成千上萬的投資人，每天都在為自身的利益做出最佳的選擇。自由市場就是如此運作起來的。沒有人逼著銀行或房貸公司放款，也沒有人拿著槍叫信評公司高估金融商品的等級，更沒人威脅投資者非買高風險債不可。

如此的自由市場理論派思想，認為利己的動力，最終將形成最有效率的市場機制；其供需平衡下的價格，會反覆催促每個人做出理性選擇。這個理論的關鍵前提是，每個人與每個團體，無時無刻都是理性的，並能做出完全理性的經濟抉擇。

前四章，我們提出了幾個市場不理性的實例。例如二〇一二年的日本，人心鐘擺來到極度絕望的邊緣，導致整個經濟系統處於疲弱不振狀況。

二〇〇六到二〇〇八年的美國，則是人心擺盪至不理性的另一極端：每人都處於極度樂觀的狀況，認定市場會持續攀升，房市和股市將一直呈現成長榮景。然而真是如此嗎？

後續海嘯的發生，正說明了自由市場本身有系統缺陷，市場並不是像理論說的如此完美。

二〇〇八金融海嘯曝露的是資本市場的短視、自私逐利，加上缺乏有效監督體制，結果燃起燒掉整片樹林的大火。

在這次事例中，我們能看出：

- 在缺乏有效的監管之下，幾顆爛蘋果有可能拖垮整個系統的正常運作，瞬間讓系統的信心消失。

- 市場是無數人形成的大團體。人有失去理性的時候，市場也會如此。
- 有效率市場理論的另一個前提是，每個人做出決定之時，都有完美的資訊。當商品過度複雜，這個前提將不再適用。

說到底，**市場的本質是不穩定的系統**，更是不理性的組成，並不能完美的運行。如二〇〇八年的最糟糕狀況不常發生，但無人能預判，下次何時出現。

全世界「華爾街」皆有偏誤，你是最終承擔損失的投資人嗎？

我們整理一下上述的系統缺陷，歸納出三個市場中可能導致投資者不慎誤入其中的常見陷阱。

陷阱一：華爾街的迷人故事糖衣

為產品裹上糖衣是商人層出不窮的手段，畢竟沒有漂亮的包裝，貨品怎賣得好價錢？

有如百貨公司的櫃哥櫃姐，總是有辦法把商品介紹得天花亂墜。而買方有責任抽絲剝繭，剔除糖衣，充分地分析產品的真實價值與潛在風險，以避免自己受騙上當。

華爾街的金融業更是如此。銀行為了業績，必須持續拓展金融商品的多元性，讓金融商品銷量與收益極大化。為了迎合市場，他們極有創造力地製造附加價值，包括在商品上渲染一層又一層迷人故事。

投資人在沒有獲得充分資訊、做足功課的情況下，往往就這樣上鉤，成為大投行的獵食對象。

每當某一現象、商品成為熱門，媒體就會隨之報導、吹捧；當其劣勢受到輿論熱議，媒體也可能一窩蜂貶低。媒體所報導的，通常是大家想聽的，而非大家需要聽的。若一味聽信媒體與名嘴進行投資，經常是慢了一步。

就以知名雜誌封面來說好了。封面其實是捕捉社會人心所向的有效工具，要賣更多的雜誌，必須能反映大多數人所想、所欲、所害怕的事。可是當大多數人都這樣想的時候，其實市場共識已經反映在價格上。

研究股市技術面的專家常提到「雜誌封面反向效應」，意指當某個趨勢登上高知名度雜誌封面，經常是反面情景快出現的徵兆。幾個歷史上的市場轉折點，都有雜誌錯誤的預測報導。

回首每次金融泡沫的形成，剛開始都是有真正提高經濟效益的基本面變革，推動一小群公司股價攀升。但隨著華爾街火上澆油，慫恿出一波接一波的熱錢追逐，股價以滾雪球式飆升，最終超越基本面的支撐範圍而形成泡沫。這時，各種新的論調又被專家提出來，辯解市場能夠繼續攀升更高。直到泡沫吹到不能再大了，某一天終於爆破。

陷阱二：金融服務業的利益衝突

記得大學上經濟學課程的時候，被我認為最枯燥乏味的一節，是關於委託代理理論。當時，對一個十八、九歲的學生來說，讀經濟是為了理解宏觀和市場供需問題，誰會去在意如何委託代理人？

結果隨著年紀日增，在企業機構負起愈大的管理責任，反而後悔當時沒有好好讀熟這一節。二〇〇八年金融海嘯之後，我才真正了解委託代理問題是金融業裡最貼近行業興衰，也是最不易解決的學問。

做投資的人都了解公司的所有權（股東）與經營權（管理層）之間，存在著利益錯位的風險，也就是股東要的與管理層要的並非一致。正因如此，在挑選股票的過程，我特別注重企業領導人的考核。

說得白話一點，投資一家公司的股票要注重的課題，莫過於評估公司負責人究竟值不值得信任。而且要考慮的不只是領導人的能力、品性，還要了解有什麼機制促使管理層與股東的利益趨向一致。

除此之外，不只是選股必須考慮委託代理問題，金融行業到處充斥著委託方與代理方之間的利益分歧。

舉例來說：當你投入一支高評級的連動債或是新上市的傘型基金，必須考慮這項極其複雜的金融商品的製造過程中，每個環節的經手人（發行方、資產管理公司、信評公司、承銷銀行、理財專家），他們對誰負責？客戶、股東、管理層、個人的獎金或升遷？

經濟學中定義，代理人的行為會影響自家公司的聲譽。如果代理人失職，破壞公司的聲譽，那麼客戶會聯手抵制，進而拖垮公司。長遠來說，一家公司的聲譽的確是企業最寶貴的資產。因此，享有長久良好名聲的老企業，例如可口可樂、路易威登的估值，會遠高於市場平均值。

但是在短期內，上市公司面對每季財報的壓力，誰能保證管理階層不會屈服於股市的壓力，而為短期利益棄守重要的原則？在每件金融產品的供應鏈上，有無數的上市公司經手，每家公司都在追求利益，追求更多的銷售量、更高的收入。在如此大環境之下，有誰會堅持懷抱逆著潮流的觀點，對整個系統發出警報？

海嘯之後的調查揭露，信貸泡沫正在起飛的火熱期間，其實有一線分析師提出最基本的質疑：「如果全美房市同時下跌，這些高評等債券會怎樣？」上司的回答是：「這樣的情況從未發生過，不需要杞人憂天。」

在金融交易的每一個環節，球員身兼裁判，都有各自所圖的利益。信評機構圖的是更多案件的評等委託；大投行圖的是創造更多商品與利潤；媒體與專家則希望創造更多聲量；投資產品業者則希望賺取更多佣金。

世界各地的「華爾街」中每一個環節，都可能有行業裡根深蒂固的偏誤以及自身利益，導致整條街變成了回聲巷。投資人的利益往往被放在次要地位，甚至被犧牲。

陷阱三，引人貪小失大的錯誤認知

對投資標的衡量價值，有兩個關鍵性的未知變數：機率與賺賠率。大多數人竭力預測前者，遍地尋找高成功率的投資標的。其實更重要的因素是後者，也就是潛在回報除以潛在損失的比率，對投資的整體績效更有決定性的影響。

前面幾章已經提到預測未來是相當不可靠的事，包括預測經濟蕭條、公司盈利的成長、來年的油價，或者房地產什麼時候會漲。無人能夠掌握未來，所以預測未來的命中率相似於擲硬幣的機率。

查理．蒙格說過：「價值投資的本質就是尋找標錯賠率的賭局。」他給投資人的建議，說明白了就是：找尋不對稱的賺賠率。有時候，罕見的投資機會能帶來高過潛在損失數倍的報酬率，這些就是市場給予的最佳球路，最適合揮棒打出一支漂亮的全壘打。如疫情中的油價和大地震後的日本，因為極端的悲觀看法，造成價格大幅度低於真實價值，潛在損失已經顯著壓縮。只要情況有一丁點改善，潛在報酬就會非常可觀。

相反地，有些投資項目的潛在損失是報酬率的數倍，我叫這些標的為貪小失大的投資。

多年來，許多私人銀行積極向高淨值客戶推銷大銀行發行的AT1債券[3]，這種債券雖然付高利息，但是潛在損失是百分之百。這些極受亞洲富人青睞的「名牌」高收益債，在二〇二三年矽谷銀行引發的金融危機中，完全滅頂。

再者，處於低利率、低通膨、資金取得相對容易的環境，會刺激基金經理人採取高槓桿的財務操作。槓桿是最經典的貪小失大金融運作方式。在槓桿的情況下，誰都有機會把小回報變成大回報。但是這種槓桿是把雙面刃。

市場一片榮景之時，人們把高機率的勝算誤判成「已確認的事實」。於是在無節制加大槓桿的過程中，讓風險超過自己能夠承受的範圍。

行內稱高槓桿的財務操作是「在壓路機前撿零錢」，因為取得的利潤有限，但是風險極高。一旦出現超過預期的下跌，面臨的將是爆倉破產的結局。

投資的第一課：先置身於不敗之地

就如球賽中，猛烈的進攻可得分，但是強力的防守確保不輸比賽。對應投資領域也是如此，不輸才會贏。

戰勝變局不是指每次投資都大賺一筆；投資人若能在大動盪裡保存實力，就是為下一次戰役奠立大勝的基石。如同我在二〇〇八金融海嘯爆發前一年，看見徵兆，並離開震央，免於被直接波及。

這種反脆弱的投資概念極其重要，因為脆弱的東西猶如鏡子，破了就無法還原。謹慎的投資者必須不惜一切代價，避免脆弱的投資策略，因為財富的累積不易，但是永久性損失卻可能讓畢生資本一去不回。

這一章從二〇〇八年金融海嘯的來龍去脈，歸納出三點經常導致脆弱性投資的陷阱，投資者人務須避免：

- 華爾街的迷人故事糖衣
- 金融服務業的利益衝突
- 引人貪小失大的錯誤認知

下一章，我們即將討論如何配置最能反脆弱的組合，避免上述的陷阱。

---

3 AT1債券（Additional Tier 1）直譯為額外一級債，其風險性質介於股票和普通債券之間，特性在於發行銀行如果面臨資本充足率過低時，有可能被強制性轉換為股票而承受損失。

第七章

反脆弱投資法

——槓鈴策略

戰勝華爾街不難，踏穩不敗，追求大贏全壘打

前言

當我們難以信任「華爾街」的可靠性，該如何進行投資理財？

當代投資管道與標的五花八門，讓人看得眼花繚亂；誤導性的投資資訊充斥市場，而金融業者更是參差不齊。只要稍有不慎，投資人很容易被人算計。

有沒有簡易的投資方式，可以在節省時間與心力的前提下，守護自己辛苦賺來的財富，同時又能帶來豐裕的利潤？

此外，在求穩定與求獲利的兩種投資目標之間，又該如何取得平衡點？

本章節我們將針對上述疑問，一一解答。

委託「專家」有缺陷，尋求被動投資是解方？

不找專家，我該怎麼投資？

前一章提到，即使是「華爾街」投資理財專家也可能發生偏誤，而且與客戶之間無可避免地存在利益衝突。為了避免誤導的資訊、不可靠的預測，以及行業內的制度缺陷，最實際又高效率的投資策略是採用系統性投資法。

所謂系統性，是指不依賴任何人或機構的片面意見，不聽從附有偏見的主觀性判斷，而是定時定量投資於全球的經濟體。

應該有不少讀者想到近年來日益普及且廣受歡迎的方案：被動投資，尤其是很火紅的指數型基金[1]。

指數型基金允許投資人以定期定額、自動化方式被動投資，去除掉「人」的因素，確實可以相當高程度避免前一章提到的種種問題，且現今已幾乎納入了全球經濟體的各種資產類別。

打不過大盤，就加入它

有一句經典名言：「如果你不能打敗他們，就加入他們。」所謂被動投資，指的就是這個意思。

1 Index Fund，近年很受歡迎的ETF（Exchange Traded Funds）也屬於其中一種。

如果大家去網路上找關於被動投資的定義，應該可以看到這樣的說法：「被動投資是指投資者購買並持有多元的資產組合，努力匹配大盤，而不是以打敗大盤為目標。」

最常見的被動投資策略，就是購買指數型基金；這種基金在證券交易所公開上市，有相當高的可信度，可以追蹤、模擬甚至是複製特定指數的績效表現。

歷史上第一支ETF是由道富環球推出，於一九九三年在美國上市的S&P 500 ETF Trust。這支指數型基金一開始不被注意，但逐漸在市場受到歡迎與矚目。一九九六年，巴克萊銀行也選擇推出ETF；先鋒領航集團也在二〇〇一年進入市場。

到二〇二二年底，光是在美國就有一百六十家機構發行ETF，管理資產總額已達到六．五兆美元，占全美所有投資公司管理資產的二十二%。

不想努力了？可以搭便車

指數型基金之所以在近年來受到高度歡迎，成長如此快速，奠基於幾項優勢。

第一是投資成本低，任何人可以以任何金額進場購買，而且內扣費用遠低於傳統基金。

再來就是可以分散風險，因為指數型基金選股分散，風險也跟著分散。

此外，直接購買指數型基金，無論是主動購買，還是採定期定額，都可以避免掉入我們前一章所說的「華爾街偏誤」中，也不會與專業經理人產生利益衝突。

最後一項，也是最顯而易見的優點，就是在不投入時間與心力研究投資的情況下，只要購買指數型基金，就可以跟著大盤走，獲得「平均水準」的投報率。

具體而言，投報率「平均水準」有多少？

許多支持投資指數型基金的人會舉這個例子作為參考：如果過去三十年，投資S&P 500，什麼也不做，年化投資報酬率就能達到十%。這樣的報酬率非常誘人，高於許多專業投資者辛辛苦苦研究資料、操作買賣得到的結果。

風行全球的指數型基金

逐漸地，全球各地投資人都發現了指數型基金的好處。截至二〇二三年，全球發行量超過八千七百支，管理資產超過十兆美元。

而且不僅數量、市場規模大增，指數型基金的類型也暴增。

投資機構推出各種指數型基金，對應幾乎所有投資者感興趣的標的範疇，包括地區或國家、特定商品（如黃金）、債券、新興市場等等。近年來，主題式的指數型基金相當火熱，從綠能、生技醫療，到人工智慧，形形色色的新產品充斥市場。只要出現新興投資話題與商業趨勢，就會有投資機構設計指數型基金，捕捉市場相對應的投資偏好。

即使我自己，研究投資是我的專業，指數型基金也是我重要的投資管道之一。然而，我仍反思，仰賴指數型基金這種被動投資方式是否恰當？所謂的被動投資，真的如其名嗎？

被動投資真的可以讓人不費心力賺錢嗎？

雖然被動投資看似具備相當多優勢，且對投資人來說門檻甚低，但投資人往往忽略、低估被動投資的限制與弱點；被動投資的宣傳者也往往低估了被動投資的難度。

現在，讓我們逆勢思考一下。

不完全被動的被動投資

首先讓我們談談：「被動投資」真的能被動完成嗎？都沒有需要主動判斷的成分？其實仔細思忖，不難發現所謂的被動投資，其中有大量需要投資人「主動」判斷與決定的部分。

怎麼說呢？

首先，投資人總要「選擇」一支指數型基金進行投資。前面提到，全世界有成千上萬支指數型基金，到底該選哪一支？這過程就是投資人必須主動的成分。

投資人要考量的是，該買哪個類別的指數型基金？要買債券、期貨、黃金、房地產的？是要選追蹤全股市大盤的？還是要選集中於某個主題領域的？此外，還有許多以經濟體為單位的指數型基金可供選擇。該選擇美國、日本、歐洲，還是某些新興國家？

有這麼多選擇，要怎麼選、怎麼分配金額？什麼時候買進、要買多少？這些都需要投資人思考清楚、主動規劃。

有的人可能會說：選定期定額就不用煩惱那麼多了。

其實，選擇定期定額，也是一種主動的安排、選擇。即使選擇定期定額，該選哪支指數型基金，以及投資頻率、要投多少資本？這些都是自己要思考的問題。

被動投資雖然看似被動，其實蘊含大量主動的成分，不會有人替你決定、替你規劃好，需要自己設定投資策略，而最終也由你承擔這種投資策略的成果。

落後於趨勢，收益被稀釋

此外，選擇投資指數型基金，往往意味著你就放棄了領先趨勢，爭取更高獲利的機會。

大多數的指數型基金，在資金分配權重上都是以股票的市值為參數，公司愈大，它的股票的權重也愈大，這意味著指數會傾向於追高股價。

說白一點就是：股價愈漲，指數愈買。

尤其當某一個股加入指數時，指數型基金依照設定會大舉買入，也就立刻炒高該個股股價，等同於投資人嚴重地溢價買入指數型基金中的某個成分股。

我們可以這樣說，指數型基金所持有的個股，都已經進入指數，其價值已反映在股價上，並不會是最有上漲潛力的公司。

舉例來說，當特斯拉於二〇二〇年底被加入 S&P 500 指數之前的一年間，股價翻了至少四倍。

相較於進入指數前買入特斯拉股票，二〇二〇年底指數買入的價格明顯是貴得多，也就侵蝕了基金的收益。

指數加入新公司，或剔除既有的個股，都是以企業市值為基準。長期來看，這樣的規則相似於追高殺低的策略，並不符合基金投資者的最大利益。

而且，還有個迷思值得打破：如果我們以為購買多支指數型基金，就一定可以分散風險，那就錯了。

因為許多指數型基金含有重複的組成股票，例如不少指數型基金都有把蘋果、亞馬遜等科技巨頭的股票納入。此外，各市場、資產之間的相關性愈來愈高，以市場來說，美國的股市漲跌，常常能牽動全世界股市的表現。

散戶投資人有可能在無形之中，選擇了一大堆類型相似、互相高度連動的指數型基金，反而使投資風險更加集中而不自知。

歷史績效不代表未來績效

許多人都明白被動投資的獲利有其限制，但他們也認為：「我就穩穩地追 S&P 500 指數就好了，像過去三十年，年報酬率十％，我就心滿意足了！」

未來三十年，S&P 500 指數每年仍能成長十％嗎？

不少投資人對於績效的預期是：「過去績效可代表未來績效」；當他們看見過去的績效表現好，就認定未來績效也會一樣好。

但這明明是錯誤的見解。如台灣所有基金廣告都會（以極快的語速）提醒大家：「以往之績效，不保證基金之最低投資收益。」但大部分人，無論聽多少次，都沒有真的領會。

過去三十年的榮景，其實不見得是理所當然、未來能繼續持續的常態。

一九九〇到二〇二〇年間，剛好碰到冷戰結束、中國開放崛起、全球化大興、資訊科技發展神速等利多因素全部出現，全球經濟因此受惠。尤其美國，其經濟體主要由跨國公司構成，美元是國際通用貨幣，供應鏈得到諸多保護，更是全球化的最大贏家。

然而，隨著中美脫鉤，地緣政治緊張，以及全球供應鏈的大洗牌，過去三十年的美好榮景、被動投資曾經的亮眼表現，未來還會持續嗎？前提既已不復存在，樂觀就可能流於盲目。

愈多人被動投資，經濟將成為死水

除了被動投資是否可延續榮景是個問題，我們不妨也試想看看：如果全世界的投資者都只買指數基金，而不主動挑選與投資個股，會有什麼後果？

首先可以預測到的，就是指數型基金發行商會變成市場獨裁者，他們將成為所有個股的最大股東，在各家公司股東大會的議案投票中占決定性地位，呼風喚雨、說一不二。

對個股來說，只要擠進指數，就可以獲得源源不絕的資金。即使沒有創新、沒有良好表現，股價仍可以維持甚至增長，如此可能導致股價愈來愈偏離真正營運表現。

最後，所有具潛力，但沒有上市，或是沒有被納入指數的個股都將難以活命。當所有錢都流往指數基金，不再有投資人具備能力以及眼光看出潛力股，全球金融市場、經濟活動將成為一灘死水。

只有指數型基金的未來，將不可持續，是我們任何人都不樂見的。

指數型基金是一項投資工具，可以讓我們獲得與大盤同等的收益報酬，也可以讓我們跟上最新的趨勢與話題。然而指數型基金並非完全被動，每一個投資者都還是需要做出安排與選擇。而且在方便的同時，指數型基金也讓投資人喪失了領先趨勢的機會。

凡事有一利，必有一弊。

指數型基金的被動投資策略該如何運用才能發揮最佳效益？讓我來推薦個好辦法。

投資絕佳平衡點：槓鈴策略

運用槓鈴策略走出被動缺陷

善用被動投資工具，創造更大的贏面，可以採取「槓鈴策略」。面對高不確定性的變局時，槓鈴策略是我慣用的策略，在穩定與獲利之間尋求最佳平衡。納西姆・塔雷伯（Nassim Taleb）所著《反脆弱》（*Antifragile*）一書也認同此法。

什麼是槓鈴策略？

舉個例就很容易明白。假設我們手中持有一百萬資金，面對三種投資標的：

- 低報酬、低風險的資產
- 中等報酬，又中等風險的資產
- 高報酬、高風險的資產

有些人可能會想：中等報酬，不偏不倚，應是最安全的配置。

槓鈴策略則主張：

投資應該要如同槓鈴，分成兩端：一端是少量高報酬、高風險的資產；另一端則是大量低報酬、低風險的資產。

這樣做，會顯著優於全部買入中等報酬，又中等風險的資產。

為什麼？

如果我將一百萬中的十萬拿來購買高風險證券，我可能大賺，也可能全賠。但不管市場如何變化，就算損失，也絕對不會超過十萬，剩下的九十萬也不會受影響。若是高風險部分大賺，例如五倍、十倍，對我的投資報酬率將有極大的幫助。

反過來說，如果將手頭上一百萬資金，全部投注在中等風險的證券上，當大環境比預期更為嚴峻，這將意味著中等風險可能惡化成高風險，發生嚴重虧損。

智慧平衡，槓鈴策略的實踐之道

多年來，我都是槓鈴策略的實踐者。

管理日興時，確保本業再造有成果的同時，撥資本的一小部分投入未知數的對策，即是企業槓鈴組合。

年輕創業期，結合妻子做精算師的鐵飯碗，和我在創業的大起大落，更是槓鈴組合的呈現。

以低風險端來說，我要確保大部分的資產，尤其是近期內需要用到的資金，能夠安全度過任何經濟蕭條的極端情況。

我建議投資槓鈴的「低風險端」可以這樣配置：

- 五年內需用到的資金，全部買低風險的債券。
- 五年內無需動用的資金，其中八成分散投資於全球資產類指數，確保五年內賠錢的機率低於十%，且持有愈久，風險愈低。

另外，我也明白需要高風險端才能讓我賺取更大的財富。低風險端組合可以財富保值，而高風險端則是幫助我們創造財富。

高風險的部分究竟要怎麼投資？該投資多少？要投資什麼？

我的經驗法則是，預測高風險投資的最壞結果，並確保高風險部位的配置額度，不會超過低風險部位三年回報的總和。

舉例來說，當年我在高風險部位規劃了投資特斯拉股票，而我對於投資特斯拉股票的最壞結果預計是一〇〇%損失。所以我訂定了總資產的十%，作為投資特斯拉股票的上限。原因是，我基本上能確保低風險部位的收益，能在三年間補足高風險部位的全部虧損。

以整體高風險部位的占比來說，我將大約二十%五年內無需動用的財產配置在高風險部位，這是根據我本身的年齡和風險承擔能力所做出的規劃。

這種採取高風險端集中風險的投資策略，我又稱之為「大贏全壘打」策略。因為這樣的投資，不必密集出手；然而一出手，目標就是數倍、數十倍以上收益率，可以達到財富的快速增長。

許多人會以為：高風險投資，不就是賭博嗎？其實這麼想是錯的。槓鈴策略容許高風險投資，但前提是要針對高風險投資做功課、下功夫，才有機會揮出大贏全壘打。絕對不代表可以盲目跟風、看媒體報導、聽專家「報明牌」追熱潮。

進行高風險投資，有心法可以依循。相信你也發現了，「高風險投資的心法」正也是本書的主要課題。

揮棒全壘打！贏得夢寐以求人生的關鍵

大贏全壘打投資五心法

如果你是從第一章開始看本書（強烈建議如此），應該可以發現本書前五章的案例，各對應了一項高風險端的投資方法，也是我的大贏全壘打五個投資心法，在五個產業標的上運用。於此重新跟大家一起回顧：

第一章：破解世界犯的錯，是獲得豐厚報償的機會

- **標的**：礦產原物料
- **亂局**：政府與社會輿論「看得見的手」貶低了重要的能源與礦產。加上全球大流行疾病影響，導致對傳統能源、礦產價格不合理地被壓低。
- **投資法**：破案式投資法。不受趨勢、潮流誤導，以理性思維分析真實世界所需，找到真正投資機會。

第二章：使命愈大，獲利愈大，布道者的腳印下是金礦？

- **標的**：企業股權
- **亂局**：創新科技顛覆了稱霸市場許久的傳統汽車產業；整個交通產業將被重新打造。
- **投資法**：大局觀投資法。看見目標產業的格局改變，而世界未來大局中，企業領導人的眼界與使命感，將牽動企業發展，甚至影響世界趨勢。

第三章：機會在街角招手，你幾番視而不見？

- **標的**：房地產
- **亂局**：經濟長期不景氣，振興政策力度不足，使經濟前景不被看好。
- **投資法**：經濟體投資法。從宏觀經濟切入，找到適合投資的時機點，並從微觀經濟判讀投資標的價值與潛力。

第四章：反脆弱投資組合，撞破基金領域天花板

- **標的**：事業體股份
- **亂局**：科技對產業發展的影響愈來愈深，蔓延到各種產業，對專業投資機構也帶來巨大挑戰。
- **投資法**：異端式投資法。在新興科技的潮流下，無懼納入異端，如人才、事業體、組織，才能與潮流並行，甚至領先潮流。

第五章：從泡沫灰燼中，看到下一個千倍獲益機會

- **標的：**個人事業
- **亂局：**金融危機下，市場陷入恐慌，自身也飯碗不保。
- **投資法：**事業體投資法。在市場最恐慌的情況下，從中找到恐慌源頭，並提供市場新的解決方案，以開創事業替自己找到大贏機會。

運用這五個投資法，讓我在過去三十年的亂局中，找到投資獲利的好機會。除此之外，還有三個共通性原則，貫穿於各章之中，能幫你找到「大贏全壘打」的機會。歸納如下。

大贏原則一：逆勢思考

打出大贏全壘打的第一個原則是「逆勢思考」。投資人要有膽量挑戰主流意識，看見被忽略、被排斥的事實。

當市場的強烈共識已認定某種結局是必然，所有的賭注都下在這個共識結局，形成高位的市場價格。此時，與之相反的逆勢觀點極度被貶抑。

若能抵抗外界的引導，看清逆勢觀點才是對的，此時賺賠率對於投資人非常有利。

本書有許多例子在闡述逆勢思考，例如第一章，當世界主流趨勢都在鼓吹環保永續時，綠能類股本益比一飛衝天，與其對立的傳統能源、礦業則被踹到谷底。我們應該要逆勢思考，假如沒有後者，哪來綠能？

又如第二章，許多分析師評估特斯拉股價過高，且從財報來看，虧損不斷，給出不值得投資的結論。然而這是一家新創公司，又怎能以一般的估價方式評估呢？若敢於從新創公司的角度看待特斯拉這間公司，就會發現特斯拉的發展潛力無窮。

在這兩章的案例中，我都因為敢於逆勢思考，收獲了豐厚的投資報酬。

大贏原則二：關注實體

第二項原則是要關注實體經濟。所謂的「實體」，就是在財經報導之外的真實世界中所發生的一切。

在理論中，實體世界的一切應該投射於價格。但是理論有時失效，有時是時機未到，使價格和實體經濟之間出現巨大的落差。

發現這個落差，就是最好的投資機會。因為某種標的價格，正在被不理性市場壓得過低或炒得過高，這時候正是立足於實體，挑戰不理性市場的罕見良機。市場最終定會恢復理性，那就是收割的時刻。

例如，當能源的市場估值與真正的能源消耗實況出現顯著的分歧時，構成了第一章的破案契機；三一一東北大地震後，日本股市處於世紀谷底，投資家對日本資產的價值判斷與日本的產業實況完全脫軌，製造了投資日本的最佳窗口。

至於要怎麼找到實體經濟的證明呢？我的作法是，找非市場數據的資料交叉檢證，例如東京人口增長變化、日本握有的國際債權、日本實質利率、甚至走訪日本街頭的踏勘實況等等。透過這些資訊來源，我的判斷得以不受日本當時的房產市場價格所限制。

大贏原則三：參與投入

第三個原則，「成為局內人」是揮出全壘打的基本條件。否則，沒有入場，空想虛談，永遠只是個坐冷板凳的局外人。

參與及入局有幾層的意義：不只是取得入場券，還要選定自己熟悉的競賽。好的打擊者耐心等待適合自己的球路，面對投資也一樣，只專注自己有把握的投資項目。

我的經驗告訴我，成為一家公司的客戶，第一手體驗其服務與產品、接觸其員工，將可以更準確地評估這家公司的成長潛力。

例如特斯拉，我看了他們的發表會、記者會、拆車影片以及參觀銷售據點，最後甚至購入特斯拉的車，徹底明白這家公司、產品的市場競爭力。

在房地產的低谷出擊，趁著金融危機而創業於自身有優勢的領域，這些經驗都不是擲次骰子，賭一下運氣。若沒有先前的局內準備，再經過耐心地等待機會來臨，絕不能貿然揮棒。

逆市而行的決心與勇氣

打出大贏全壘打，得到豐厚的投資回報，當然有相當高的難度，但也絕非做不到。

首先，具有獨立思考與做功課的能力，很重要。投資人要能審視實體全貌，做出通盤的整理。當你發現市場不理性的錯誤時，需要具備信心，站穩腳步，逆勢操作。

逆勢操作者，必定深陷「孤獨感」的攻擊。當整個市場都在往同一方向前進，我們卻要逆流而行，挑選那些被遺棄、被貶低的標的，站在整個世界的對立面。逆勢的選擇必定被認為是外行，受到質疑與嘲笑。

這時候就要有堅強的意志力，與整個市場偏差對抗。做好功課、堅定意志、能忍受孤獨的人，才能在逆勢中打出大贏全壘打！

洞燭機先，揮出大贏全壘打

良機不求多，揮棒就要全壘打

人生中有多少次機會，可以挑選到最佳投資標的，並賺取大量回報？市場有如棒球賽，我們就是打擊手，面對投手可能丟出的任何球路。當我們揮棒，結果可能是全壘打、安打，也可能被三振出局。

如果想要打出好球，甚至是全壘打，就得找到擊球的甜蜜點。

本書前五章提供的例子，都是在講述如何找到甜蜜點。身為投資者，要能耐住性子，等待最佳時機揮出球棒。

所謂的揮棒良機，不求多，五到七年揮棒一次，能擊出一次全壘打就算是很好了。

這論點不是只有我這麼認為，巴菲特給投資人的信中也曾指出，他這五十年獲利千倍的歷程，都來自不到十個大好機會，換算下來平均大約五至七年揮棒一次。

也就是說，揮出全壘打貴精不貴多。

而所謂的全壘打，就是槓鈴的高風險端——集中風險、逆勢投資，以創造財富。

你我都有機會打敗大盤

或許很多人會覺得，自己專業不足，無法與華爾街的專業投資人比拚。但是，我認為這是不甚正確的想法。

「華爾街」看似專業，卻有幾項難以避免的弱點，而一般投資人並沒有這些弱點，可能比專業投資人更能在對的時間點，掌握到「全壘打」的機會。

首先，華爾街專業投資人思考的時間尺度較短，要拚短期收益，一年內總要出擊個好幾次，否則會失業。相反地，一般投資人沒有時間壓力，可以放長線、釣大魚，三、五年不出擊都不會有損失。

再來，專業經理人看的是報表、股價、各種曲線，往往偏離了實體世界，因而忽略真正有價值的投資標的。相反地，一般人若能夠關注實際經驗，可能更準確地判斷標的價值。

而且，華爾街的專業投資人和一般人相比，並沒有掌握更大量、獨家的資訊。相反地，大多數的數據都是公開的，只是要不要去找來看，以及如何解讀而已。

其實，每一個投資人都和「華爾街」站在幾乎相同的地位。我們有同樣的潛力，可以靠著打敗大盤替自身帶來豐厚報酬，同時，也可以透過矯正市場不理性的偏誤，讓世界朝向更正確、更美好的方向前進。這就是為什麼我認為：投資，是最平等，也最有意義的事業。

除了金錢外的人生投資

本書到目前為止，都在談金錢投資。然而，我一向認為「自己」才是最有價值的投資標的。而且，用投資思維檢視人生中各種安排與決定，其實往往能帶來相當大的啟發。

在最後一章，我將從我小時候說起，探討「投資自己」的重要原則，以及如何一步步掌握揮棒的時機，進而創造富足的人生。

第八章

自我投資法

——人生經營

年輕才是投資黃金時間，
浪費與善用都將千倍奉還

前言

近年來，愈來愈常有人說起「貧富差距」、「階層固化」、「無法向上流動」等現象，造成年輕人對社會不滿，對人生感到沒什麼希望。

聽到這些討論，我總陷入深深的思考。

我和我的家人，也曾屬於社會裡中下層的那一群人。而現在，我也不炫耀自誇什麼，但肯定已經脫離財富上的困境了。

回想人生經歷的峰迴路轉，我常想：如果我將那些克服困難的歷程，引領我向上攀升的指南，寫出來和公眾分享，也許能激勵並幫助到與我過去處境相似的年輕人。

因為這樣的想法，出現了你手上的這本書。

也許你缺乏資源，也許你出身平凡，也許你欠缺優勢與機會，但從我的故事中，你會明白：透過積極的自我投資，你仍然可以實現沒有頂點與界限的人生。

二度破釜沉舟，築夢異鄉

跳出重複兩代的軌跡

大約五、六歲大的某天，父親帶我到高雄港十三號碼頭，那是他與工人們搬運貨物的地方。我看到工人們不停重複地將貨物從停靠在碼頭旁邊的貨船，搬進岸上的大倉庫，每個人都嚼著檳榔，在南台灣的烈日下曬出黝黑的皮膚，個個汗流浹背，在烈日下辛苦、疲憊地操勞。

我的祖父在高雄港港務局的碼頭工作多年，從苦力做到班長，帶領三、四十個裝卸工。早期的高雄港沒有機械設備，搬運沉重的貨物全靠人力和汗水。

父親在家裡六個小孩中排行老二，國小畢業後，做了一年的木工學徒，就跟著我的祖父到高雄港做散工，也在高雄港工作了二十三個年頭。

碼頭工作極為艱辛，日復一日做著重複且負重吃力的工作，實在沒有樂趣與成就感可言。我的祖父做了一輩子之後，我父親走上了一樣的路。我常想，若沒有後來的改變，或許我也將如此。

經過多年縮衣節食的打拚，我的父母親總算攢夠積蓄，讓我們一家住進一棟三層樓的房子。雖說是三層樓，但有兩層出租，我們一家五口，包含我與兩個妹妹，一起擠在大約二十坪，兩房一廳的空間。

我的父親是個內斂、誠懇、樸實淳厚、吃苦耐勞的人。母親較外向、好學、腦筋動得快、非常節儉，她是從不向環境低頭的鬥士。家裡的長遠計畫都是母親在負責。

父親糟糕的工作環境，讓母親很擔憂。她這樣描述當時的心情：「你爸爸工作環境很複雜，工人們不是喝酒就是賭博，我不希望你在這樣的環境長大。」

因緣巧合下，當年母親得知高雄有幾個醫生紛紛辦理移民，跑到地球的另一端：阿根廷，定居去了。我媽當時不知道阿根廷在哪裡，對那邊的國情、文化、語言一無所知，也不知道去了之後如何謀生，竟然說服我爸移民阿根廷。

「當時我只是想給你們更好的教育環境。如果繼續待在台灣，我深怕你們以後沒有前途。而且看到好幾個醫生都去阿根廷了，我相信那應該是個不錯的地方。」我的母親事後回想起來，這麼跟我說。

一九七八年，在我十三歲要升國二的暑假，聽到全家要移民到阿根廷，簡直興奮極了。

爸媽幫我們一家人辦了旅遊簽證，我們帶著家當搭上飛機，包含轉機兩次，耗費了二十多個小時的飛行時間，前往阿根廷首都：布宜諾斯艾利斯。

從高雄囝仔變成阿根廷小生意人

父母移民阿根廷的決定可謂破釜沉舟，帶著我們出發前往地球的另一端時，他們連在阿根廷的工作都沒有著落。「青瞑毋驚槍」，我爸媽在多年後想起當時不知從哪來的傻勁，下了這樣的註解。

還記得，抵達阿根廷時值七月，我們穿著單薄的夏衣，下了飛機，冷風直往臉上撲來。我們沒有料到阿根廷正值隆冬，被凍到立刻買了毛毯披在身上。

前往租屋處的路上，看著路上行人的陌生長相，說著我完全聽不懂的語言，講話充滿彈舌音，我才真正理解到，距離熟悉的台灣已經很遠，面對的是完全陌生的異域，一切都要從零開始。

原以為可以趕快到暖和的租屋處落腳，沒想到，預先租好的房子竟然變卦，迫使我們一家人暫住在爸媽友人家的客廳好幾天。隨後的半年內，我們搬了五次家。

有一次搬家，我的印象最深。家中每個人抱著沉重的行李箱擠公車，下車後還得吃力地走過又長又凹凸不平的鵝卵石街道。路上行人半好奇半憐憫地看著五張倉皇的東方面孔，好像在看一群外星人逃難。

一路上，我真的想哭。那一刻，我暗自起誓，將來一定要出人頭地，再也不願意過這樣的日子。

到達阿根廷的一年後，父母親拿出積存大半輩子的存款，買了一棟又老又破的房子，準備開一家中國餐館，開始新移民的生活。

十三歲的我就讀公立中學，經過幾個月後開始能夠講些西班牙語。有了溝通能力，我開始替不會西班牙文的父母親翻譯。後來好幾年，我都是家中餐館的專職翻譯員，負責所有與政府機關、批發商接洽的工作，每天幫助父母做著大小決定。

阿根廷的學校課業壓力相對台灣來說輕鬆得多，下課後我還兼職當服務員，幫忙端盤子賺小費。兩個妹妹一個擔任收銀員，另一個則是洗菜兼炸春捲的助手。

十三歲那年，我直接跳過了青春期，被迫成長為一個小大人。

雙親花光積蓄供我追夢

在我讀中學的三年間，雖然家裡經濟情況逐漸穩定，我們卻也日益看清阿根廷是個深陷困境的國家。這個國家經濟停滯，政局紛亂，所有機構都效率奇低，人民對阿根廷不抱希望。

父母二人是用了所有的資源才來到阿根廷，面對這樣的現實，雖然表面不說，但心中對未來充滿焦慮與沮喪。

一九八一年，十六歲那年，家裡有了一點積蓄，我們終於可以回台灣探親。中途轉機，入境美國，到了紐約待上幾天。到現在我都還很清楚記得那是聖誕節期間，路上洋溢著濃厚的節日氣息，繽紛的彩燈、聖誕樹、紅通通的大襪子懸掛在店家的櫥窗。我用雙眼看到，什麼叫作：富裕的國度。

但讓我印象更深刻的是，走在第五大道上，來去匆忙的美國人個個神情愉快、身形高大健壯、衣著鮮亮華美。十六歲的我，覺得美國簡直是人間天堂。

目睹這一切，我心中泛起向「天堂」靠近的夢想。雖然沒有半點計畫，雖然似乎遙不可及，但是這個夢想深植內心。

回到阿根廷後，我斬釘截鐵地和母親說：我要去美國上大學。

爸媽聽到我想離開阿根廷，非常支持我的決定，他們也認為阿根廷不是個適合久留的地方，更對我說：「只要在我們經濟能力之內，一定完全支持你。」

過沒多久，我的父母親就鼓勵我報名了布宜諾斯艾利斯相當知名的貴族學校：林肯中學。

林肯中學的學費相當昂貴，大約是我們家一年省吃儉用下的所有積蓄。但我的父母親花這筆錢沒有半點遲疑，讓我非常感動。

入學那天，我在日記裡寫到：「爸媽把他們的老本都賭在我身上了，我一定要爭氣。」

小吃店養出三個麻省理工畢業生

高中畢業後，我果真如願隻身前往夢寐以求的美國就讀大學；但與此同時，阿根廷在福克蘭戰爭中潰敗，社會變得極不穩定，經濟也糟到不能再糟，父母親在阿根廷餐館的生意遭遇瓶頸，常常門可羅雀，沒顧客上門。

有一天，母親打越洋電話到美國對我說：「家裡生意做不下去了，我們得把餐館收掉。」

我和母親說：「來吧！一起到美國生活。」

過沒多久，父母親變賣了房子，帶著所有資產和我兩個妹妹，來到人生地不熟的美國東岸謀生，再次踏上生計無著、前途未卜的旅程。

我向學校租了一間一房一廳的小公寓，全家和我會合後搬來同住，兩個妹妹在當地中學就讀。在家裡經濟最困難的時刻，由於我的懇切求助，學校破例給我這個外籍學生一筆救急貸款，方能度過難關。

十三歲那年，父母親白手開了中國餐館，撫養我們三個小孩。如今我已不再是那個需要父母親照顧的小孩，我運用我的英文能力，替父母親在波士頓尋覓地點，幫助他們開了一間中餐快餐店。

父母親忙內場，我與兩個妹妹閒暇時就會幫忙招呼外場，再次擔起翻譯、服務生的角色。

一邊幫忙家裡的餐館事業，一邊與最優秀的人才在學業上切磋。那段時間，我過著充滿希望的日子。爸媽的快餐店雖小但是收入足夠生活，兩個妹妹也很快適應了新環境，下課後都在餐館，一邊寫功課一邊幫忙。

一九八六年，我從麻省理工學院畢業之後，找到一家紐約上州的地方銀行工作。妹妹也都跟隨著我的腳步，申請進入麻省理工學院就讀。

誰能想得到，從一九八四年到一九九二年，位於波士頓市區一家不起眼的小快餐店，竟然栽培了三個麻省理工學院的畢業生。

環境影響人生，變與不變都是風險

我的人生經歷，非常鮮明地說明了「環境」對於一個人發展的重要性。

為什麼要追求更好的環境？因為不同的環境中，機會密度是完全不一樣的。有高機會密度的環境，才能得到更多的打擊機會。投資自己，讓自己處於最佳的環境，與最優秀的人才共事，給予自己最好的訓練準備，這些投資無不增加擊球的次數，優化了擊出全壘打的必備條件。

或許有些人會擔心，變換環境、追尋更好的環境，背後有著難以忽視的失敗風險。這樣的擔憂，當然不無道理。

但是如果因為害怕風險，而不選擇改變環境，那何嘗不是一種風險？在我看來，風險可能還更高。

假設我的爸媽當年沒有拉著我們三個小孩移民到阿根廷，我就沒有機會進入美國學校，更不可能就讀麻省理工學院。

倘若沒有第二次移民到美國，我們繼續待在阿根廷，只會跟著這個衰敗的國家不斷沉淪，人生不斷走下坡。

所以說，人生若看作是一場投資，其總成果 f（L），將是我們的生命（Life, L）長度與資質，乘上我們選擇的環境（Environment, E）。化作數學算式表達，就是：

$$\mathbf{f(L) = L \times E}$$

這個算式表達的意思是：即使生命長度與資質相同的兩人，在截然不同的環境中生活，過完一輩子，兩個人的成就將是完全不同的。

我知道人生中任何一個選擇都會帶來風險，但在面對可能的改變時，不妨問問自己：「十年或二十年之後回頭看，如果沒有選擇改變，我會後悔嗎？」

你的心裡會有答案。

尋覓與靈魂共鳴的專業之路

故事說到這，不知道大家會不會好奇我對金融經濟的興趣，是怎麼來的？是我的父母教育的嗎？還是與生俱來的天分？

講到我對金融經濟有深刻的體驗，可以從我們全家在阿根廷的生活說起。

化身小小金融觀察家

初到阿根廷的人都會發覺，這個國家的商品沒有價格標籤，所有的價格都是寫在易擦的白板上。這是因為商品價格幾乎每天都在調高，如果隔幾天後要買同樣的商品，就要帶更厚一疊鈔票。

母親教我在阿根廷做生意的生存之道：「物料價格一直在變貴，通貨膨脹速度太快，我們餐廳得頻繁地調整價格，否則會虧錢。」這是我人生第一堂宏觀經濟課。

在那個惡性通膨的年代，漲價是門大學問。不斷比價、換匯、尋找最便宜的批發價，成為我們做生意的必修課。漲太多，客人會跑光光；漲太少，利潤會被通膨吃掉。爸媽在家中精打細算的討論，是我們日常生活的一部分。

除了家裡菜單經常更改價格，通膨也導致阿根廷法幣披索變得愈來愈沒有價值。父母親為了更優惠的匯率，同時節省換匯手續費，需要不時探聽誰要交易美元。打聽到後，常常帶上我一起去把披索換成美元。

十三歲的我，就在每天換匯、訂價的過程當中，對匯率與利率等觀念非常熟悉。隨著年齡漸長，我對金融經濟愈發感到好奇，很想知道更多關於貨幣流通與價格之間的玄機與奧妙。

從機械跨足金融，理工腦的蛻變

剛進麻省理工學院時，我其實主修的是機械工程[1]，我深信理工的長才，是未來世界所需。

1 一開始我對理工也相當有興趣。在林肯中學有個電腦實驗室，裡頭都是 Apple II 個人電腦。自從我第一次有機會接觸電腦，我就明白，電腦是未來不可或缺的工具，也讓我更想深入研究電腦，因此嚮往以電機為主修。但由於轉學限制問題，我退而求其次，選擇與之相關的機械工程作為主修。

但開學沒多久，我發覺有些同學對理工科目真的是天才，我完全望塵莫及。這些學霸與教授的一問一答，好像是兩個武俠高手飛天遁地，又像是外星人在使用高等智慧語言交談，我這樣的凡人在一旁，跟上聽懂都很困難，更不用說參與討論。

有些同學做功課、考試都是得心應手、毫不費力；反觀我就算拚幾個晚上不睡覺還是做不出習題。逐漸，我對於自己是否合適就讀機械系產生懷疑。

在麻省理工學院的第一個學期，我選修了宏觀經濟學，教授是大名鼎鼎的斯坦利．費希爾。課堂上，他不但講解許多經濟理論，也用這些理論解釋實體經濟的運作，這讓我第一次能夠理解，為什麼我的父親在台灣難以從貧困的家境翻身，以及阿根廷為何從一個富裕的國家變成惡性通膨的地獄。

原來，一切都與經濟發展有關，經濟足以決定一個家庭乃至一個國家的命運。上了宏觀經濟學的課，也讓我養成了每天讀《華爾街日報》的習慣，閱讀的版面也從經濟版延伸到金融市場版，並開始追蹤經濟對金融資產價格造成的影響。

這堂課開啟了我對金融和投資的好奇心。

之後，我和指導教授說明我的想法：「教授，我發現比起機械系的課程，我對金融與經濟更感興趣，您有沒有什麼建議？」他建議：「或許你可以選修一些商學院的課程？」

在教授的建議下，我選修了商學院的課，一有空也經常泡在史隆商學院圖書館[2]，閱讀金融方面的報章書籍。

愈是研讀商學的報章書籍，我深深感到現代管理其實就是工程理論的應用。無論是電路機械或者企業體系，其實都是用同樣的原理規劃模型，使其能自動化運作。我暗暗期許：「日後我說不定可以將理工知識應用在商業領域。」

就算繞路也要朝目標前進

一九八六年，我取得機械工程學位，並帶著大量經濟與商業的知識從麻省理工學院畢業。隨後，我在紐約水牛城一間地區銀行找到了一份後台的工作[3]。

工作半年後，我發現後台工作繁瑣無趣，少有學習金融技術的空間，也沒有什

2 史隆商學院是由通用汽車輝煌時期的前任總裁而取名，他也是從機械工程轉為企業家的成功事例。

3 銀行的前台指直接在金融市場交易，產生盈利的部門；中台是提供交易支援、風險管理的部門；後台則負責行政與營運方面的工作，例如交割、結算、會計等等。

麼升遷機會。

我的目標轉向前台交易員的工作，看他們忙著盯盤、買進賣出、擬定投資策略，這樣的工作內容讓我十分嚮往，而且前台交易員的薪資比起後台要高出許多。

我開始構思：如果要到前台工作，必須具備什麼，我又缺乏什麼？

首先就是溝通的能力。那時候的我，總是太害羞，無法自信地表達自己的想法，就算講得出口，也總是缺乏組織與演說能力，難以讓別人信服我的說法。

於是我自掏腰包，花錢上卡內基的演說課，希望補足自己的不足。

另一方面，我明白我的學歷尚不足以讓我進入前台工作。於是我申請了紐約大學商學院的夜校，邊工作邊攻讀企業管理碩士（ＭＢＡ）學位。

苦讀三年，拿到企管碩士學位後，我開始積極爭取前台工作。面試多輪後，發現仍然無法得到機會。許多公司還是認定我的相關學識不夠精深、豐富，同時沒有相關工作經驗。

我心想：沒關係，既然碩士學位不夠，那我就再念個博士學位吧！日後也許可以憑藉「火箭科學家[4]」的身分背景，進入前台工作。

於是我申請進入紐約大學商學院的博士班，苦熬金融與財務工程的相關學術領域，並持續爭取交易員職缺。在我博班的第二年，我終於取得了期盼已久的交易員職位。繞了一大圈，總共花了六年的時間！

找到了前台工作之後，原本計畫以半工半讀完成博士論文，但是實際工作後，我發現職務相當沉重，讓我無法兩邊兼顧。我不想錯失如此好的工作機會，於是中斷了博士班課程，努力在職場上拚出成績。

雖然博士班只讀了一半，但博士班學到的知識後來在職場上都能派上用場。日後在發展債務擔保證券期間，所有的運算模型都是由我負責。應用高等數學建立複雜證券的估價與交易模型，這樣的能力，即便在人才濟濟的華爾街也並不多見——多虧博士班階段下的苦功。

也多虧當年上了卡內基的課程，幫助我在創業期間更有系統性、高效地向客戶傳遞我們的理念。我後來在日興等大企業任職高階主管，常常領導數百位高階經理人，我的表達力、自信、管理心法，也都奠基於此。

4 原文Rocket Scientist，指的是美國華爾街重用許多具有理工背景的高材生，這些人被稱為火箭科學家，他們利用自身的數學專長，負責在金融機構設計商品模型、財務運算等工作。

找到真正最適合發揮的專業領域

該如何選擇行業？有沒有可依循的原則，具體又該怎麼應用呢？這應該是很多人心中有的大哉問吧。

首先，我們要先釐清自己追求的目標是什麼。以我自己為例，我從很早開始就知道我想賺更多的錢，改善我們一家的生活，我也完全認同以金錢收入作為評估自己人生成就的量尺。

我在大學時期就意識到，金融投資領域取得財富的走勢，有可能是以「指數函數」增長；而擔任工程師，收入很可能是以固定的速度增加。

由於這樣的差別，我對金融投資的興趣極高，有長期的熱情在這條路上孜孜不倦地努力。

如果無法自己探索得知目標，不妨可以用排除法的方式——例如我在麻省理工學院明白了自己在機械領域並無天分，於是很快就排除了以機械工作作為將來的主業。

選擇未來的出路其實常常是一個排除法的過程：經過實際體驗而了解自己的弱

點及不足之處，知道哪些事不值得追求，如此多次重複，進而逐漸靠近最適合自己的事業。

透過算式表述，人生若看作是一場投資，其總成果，也與我們選擇的專業領域（Profession, P）有關。化作數學算式來看，就是：

f（L）＝L×E×P

這個算式的意思是：即使有相同的人生長度、天分、環境，你畢生努力的成果，還會因為選擇職業的不同，產生非常重大的影響。愈是適合自己，愈能讓自己迸發熱情、才幹、長期恆心的職業，才能讓你的人生成效放到最大。

把握年輕歲月，賭注押在自己身上

若問我哪一段人生時期最為艱難，我會說：當然是在林肯中學的那一年。當時的我，夾在家中嚴峻的財務狀況以及升學壓力之間，我明白絕不允許失敗或放棄，面對任何困難都得咬牙苦撐。

但也正是因為經歷了那段時期的鍛鍊，之後任何困境，我都有信心能夠迎刃而解。

「我不能永遠待在這個國家」

十三歲跟著父母搬到阿根廷後，我被爸媽送去讀公立中學。讀了幾個月，已經會一些基本的西班牙語，並成為家中各種對外事務的聯絡人。

語言的隔閡對我而言並非最大的難題，更大的挑戰是「民族性」。身旁的阿根廷人最常掛在嘴邊的一個詞是：mañana，意思是「明天」。只要碰到難事，他們總是「明天再說」。

這種享樂當下、煩惱往後一甩的性格，讓我感到格格不入。這種文化也充分體現在教育上，身邊注重課業成績的人並不多，大多數學生下課後都是玩樂、踢足球。

無法融入當地人群的價值觀，讓我很早就起了離開阿根廷的念頭。尤其去過紐約後，我更是對於穿著筆挺西裝、走在世界最繁華都市，感到嚮往不已。

當我閱讀美國移民企業家傳記後，他們的奮鬥與成功，讓我相信，美國夢是真實存在，是有可能成真的。

跌倒就再站起來，受挫就再奮戰

當父母親拿出畢生積蓄，供我就讀昂貴的私立中學，我知道自己沒有退路，我必須努力拿到好成績，不僅僅是為了我自己，同時也是為了不讓父母親失望。

我在一年內做了其他同學三年間做的事，不僅發憤趕上學校課業進度，同時還盡心竭力學好英文，要達到能夠在美國大學入學學力測驗（SAT）中脫穎而出的程度。

為了把英文學好，我郵購了英文的教科書與錄音帶，稍有空檔時間，如搭公車、火車，甚至連上廁所，我都在背英文單字和文法。我還自己寫信寄到香港的商務印書館，郵購了整套港版中學課程的參考書（不但是英文，而且數理部分程度難於美國課程），以便自己進修。

我放棄所有休閒、課外活動，只要是跟考試無關的事情，我通通拋諸腦後。也因此，我成了同學間的異類。

在林肯中學讀了一年，我不但趕上了美式課程，成績還名列前茅，除了英文以外的科目，全都拿到A。同時我還拿到了全畢業班（大約四十個畢業生）的科學獎。

深知自己的弱項，我更加努力惡補英文，並全心全力準備美國大學入學考試。我甚至超前進度，先修了大學一年級的微積分與物理課程，以便在日後能減免學分，讓我只要花三年時間就可以讀完四年大學課程。

在申請學校的過程中，我知道許多大學都非常優秀，但是論理工科的競爭力，麻省理工學院（MIT）一定是排在第一名，而且和第二名有一段距離。於是，我的目標日漸明確，我也全心全力準備。

高三那年的十二月，我信心滿滿地提出入學申請。

然而，隔年二、三月，一封接一封的拒絕信擊碎了我的期待。不要說麻省理工學院，就連其他排名較後的學校也全部拒絕了我。我沮喪不已，呆望著一封封拒絕信，不明白哪裡出了問題。

拚盡全力擠進MIT窄門

在我沮喪懊惱之際，我的數理老師陪我找出原因：「你的成績絕對足以進入一流大學，但其他方面，卻沒有呈現你的長才。」

回顧先前的申請文件，我的確把所有精力都放在課業成績上。我以為作文、課外活動、老師推薦函等部分是可有可無的，經過這次挫敗後才明白，這些部分極為重要，非加強不可。

找出原因後，老師堅定地鼓勵我：「你可以盡快補強這些弱點，先申請一間二線學校，拿到入學許可後，先去讀一年，一年之後再申請轉學進入麻省理工學院。」我聽從老師建議，動手重新包裝我的申請文件。

我把每一間拒絕我的學校的信，當作挑戰書，並開始策劃短程衝刺，將作文、課外活動、老師推薦函等都在一個月內補齊，並搶在該年申請季完全結束前，申請上了芝加哥伊利諾理工學院。

我幾乎是在接到入學通知的那天，就開始為轉學而拚搏，一天都不敢懈怠。我的目標當然仍是：麻省理工學院。

我在伊利諾理工學院十分用功，因為我知道麻省理工開給轉學生的門有多窄。

我選修了最難的數理課程，並且取得極佳的成績，在微積分和物理課名列第一。我相信憑藉優秀的成績，絕對可以替我打開轉學大門。

正當我信心滿滿要申請轉學時，卻發現，麻省理工的電機系不接受轉學生。我頓時錯愕不已。但我是鐵了心要進這間學校，於是申請了機械系。

一九八四年五月底，我在伊利諾理工學院的第一個學年剛剛結束的某一天，我接到從阿根廷打來的電話，是我的大妹。她語氣急切地說：「有一封厚厚的信，是麻省理工學院寄給你的！」

我頓時心臟跳得好快好快，請她趕快拆信。她抽出信紙，一個字一個字念給我聽：

Dear Mr. Wang,

I am pleased to tell you that the Committee on Admissions has approved your application for admission with advanced standing for the term beginning on September 10, 1984 ....

親愛的王先生：

我滿懷欣喜地告知，本系的入學委員會允許了你的入學申請，新學期將於一九八四年九月十日開始……（中譯）

確認是入學許可時，那種興奮難以形容，好像是心臟快跳出胸腔的感覺，淚水泉湧。歷經前後五、六年的奮鬥和策劃，MIT的大門終於為我而開！

那年夏天，我從芝加哥乘坐灰狗巴士直奔波士頓，整整兩天的車程。下車後，我走過橫跨查爾斯河的哈佛橋，到達馬薩諸塞大道七十七號，MIT校門就在我眼前。我可以清楚感受到一股從內心升起的自傲感。

「過去幾年裡，多少夜晚半睡半醒之間，我夢想著踏入這座大門。」我告訴自己：「我知道，踏入這座校門之後，將再也沒有什麼障礙能夠阻擋我前進。」

現今回看，當時的許諾，已一步步全然實現。

年輕時努力，加倍得到報酬

從十三歲的立志，一直到進入麻省理工學院，我的整個青春都投入在改寫人生命運的努力奮鬥中。分享這個故事，是為了和你聊聊：「時間」之於人生的重要性。

我很喜歡經濟學家對投資下的定義：「投資，是為了未來獲得更高的收益回報，而放棄當下的消費。」

投資，絕非只是金錢的遊戲，更是時間的藝術。

許多年輕人手頭上可能錢不多，但你的人生剛剛起步，有充裕的時間。如果趁這時候為自己的前途努力，日後可以收獲的報酬將難以估計。

以我自己為例，在中學時期幾乎放棄了一切遊玩、休閒活動，埋首於學習與取得申請入學的優勢。

出了社會開始工作之後，下班也沒閒著，都在上企業管理碩士課程，一個學期上三科，暑假再加兩科，共花三年完成碩士學位。之後還讀了兩年的博士班。

這一切的努力，說不辛苦是騙人的。但也因為年輕時付出了這些努力，讓我中年後的生活更有餘裕，甚至可以較早退休。這都要感謝自己年輕時的自我投資。

投資自己，趁年輕很重要。

人生若看作是一場投資，其總成果，與付出努力的時間點有關。化作數學算式表述的話，可以寫成：

$$f(L) = (L \times E \times P)^t$$

意思是，人生的成果不僅是天分、環境、專業等變數的乘積，更關鍵的是「時間」：Time。尤其我想強調，時間這個變數並不是乘積，而是「指數」，也就是「次方」。

一個人若從早年就開始努力，其成果會隨著時間的遞進，發生指數級的複利成長。但如果反過來說，早年較不努力，等到中老年才開始努力，透過指數成長的成果將會相當有限。

無數事實與故事證明，一個人在年輕時的投資，奠定打造一生成就的格局、未來生活的寬度。

你想選擇在什麼時候努力呢？

人生是一場投資，利用槓桿擴大複利效應

人生如果只靠自己全力以赴，而不懂得善加運用外界資源，勢必會相當辛苦。

在金融業，有個詞彙叫作「槓桿」。意思是，利用舉債取得更多的資金進行投資，以提高「大贏」的機率與程度。

如果我們把槓桿用在人生，意思就是借用外在或是他人的資源，放大自己的努力成效。

以我自己來說，本來擁有的資源極少，是因為借用、槓桿了外部資源，才有後來的發展歷程。讓我槓桿獲益的例子很多，以下是兩個對我人生改變最大的。

槓桿「學校」資源，助己一臂之力

如果光靠家中的資源，或是自己的努力，我現在可能仍然在阿根廷端盤子。我之所以能夠改變人生，第一個重要關鍵就是父母傾盡所有，讓我進入林肯中學。

在林肯中學，有充滿教育熱忱的老師教導我紮實的數理知識，替我奠定了日後主修機械工程、從事金融工作的底子。

在我申請大學的階段，我更是從數理老師那裡獲得了寶貴的升學建議。是他建議我「先求有，再求好」，並指導我改進申請文件各個環節，我因此順利進入美國伊利諾理工學院就讀，後來才得以成功轉學到麻省理工學院。若沒有他的指導，我很可能進不了夢想中的第一學府。

到了麻省理工學院，我能夠聽到諾貝爾獎等級的大師授課，在遍地天才的環境中耳濡目染得到許多啟發，並能運用世界第一等水準的圖書館和實驗室。這些資源，價值難以衡量，為我日後求職、工作打下厚實的基礎。

連我家人移居美國的第一年，生活面臨嚴重難關，都是靠學校破例提供了救急貸款方案，方能度過難關。

企管碩士、博士班的學習，也在我人生中帶來無可替代的推助力量。

相較於我從這些學校獲得的助益，我付的學費、爭取入學許可的努力，可以說是微不足道。

槓桿「公司」資源，助己一臂之力

一個棒球高手，如果只能在山村中投球與揮棒，最終仍難創造佳績，也不可能為自己帶來名聲與財富；但若成為美國大聯盟的棒球球員，等於進入棒球的專業殿堂，可以身家上億。為什麼有這樣的差別？

任何人除了自己要有技能，更要站上能展示自己的平台，才有機會將自己的優勢系統化地放大，發揮最大的價值，並且轉換成可觀的收入。在上述例子中，這個平台就是知名球隊，就是大聯盟。

在現代商業社會中，對我們每個人而言，最常見的平台就是公司。公司當然是在利用員工，但員工同樣可以利用公司。

以金融領域為例，如果進入顯赫的大型投行任職，基金經理人就有大量資本進行操作；如果有不錯的成績，其收入將是全社會收入中位數的好幾倍，甚至還可獲得響亮的名聲，受到整個業界推崇。

無論身處什麼領域，職業生涯的最大重點都會是：要槓桿能放大自己價值的舞台。

回看人生，我槓桿公司給予的舞台，替自己人生職涯的發展取得難能可貴的契機——

因為有在CGA的工作機會，我得以展現所學、認識湯姆，並且與他合作把握契機創業。

在創業有初步佳績後，我們同意併入美聯銀行，獲得這間大銀行的巨量資本與銷售網，讓我們創造的產品改變了整個美國金融界。

不僅如此，美聯銀行還提供了團隊、資金、名聲讓我和湯姆運用，快速複製我們創造出的新產品，並快速搶下市占率。運用美聯銀行的資源為槓桿，我們的身價和收益得以大幅增長。

當我們年輕時，沒有後顧之憂、沒有知名度、沒有追隨者、更沒有身價，這正是槓桿公司、取得舞台的最佳時機，因為停損點很低，了不起賠了工作而已，但是回報率幾乎無限。

當我們成功後，公司將無法限制我們的發展，因為我們已經在舞台上發光發熱，取得了外界的重視與肯定。

奮力爭取賺賠率一面倒的非對稱槓桿

所謂的槓桿，就是俗話說的借力使力，利用外部資源，放大自己的力量，啟動數倍績效。

大家最熟知的金融槓桿，以借貸方式放大獲利，但是借貸是把雙刃刀，它會放大獲利，同時也會放大風險與損失。如二〇〇八金融海嘯前，許多投資公司與銀行加槓桿購買金融產品，結果承受不了波動，賠得血本無歸。

人生中要追求的槓桿，是賺賠率一面倒的非對稱型槓桿，也就是「回報無限，但損失有限」。

舉例來說，進入優質的知名學府，可以得到良好求知態度的薰陶；到有資源與社會知名度的機構工作，將可獲得難得的大舞台，還有豐沛資源。進入名校與大公司，都是典型的潛在回報極大、損失與風險卻很小的非對稱型槓桿，值得極力爭取。

除此以外，投入心力爭取優秀的同伴或團隊、科技工具、接觸市場的途徑等等，皆是如此。

值得強調的是，凡是值得槓桿的資源，全都不是唾手可得，必定需要努力爭取，證明你比其他競爭者更有資格。「爭取」通常都是不容易的過程，但只要能爭取到，將會給自己帶來莫大的幫助。

懂得運用非對稱型的槓桿替自己創造損失有限、回報無限的機會，我們就有可能成為人生的「大贏家」。

槓桿多方面資源，打造優勢人生

大家可能經常忽略，借用資源壯大自身的重要性。很多人認為，只要靠自己努力，就有機會成功。

然而，這個世界其實提供了我們許多資源，只要有心爭取並善加利用，就能增加做任何事成功的機率與幅度。

金融槓桿有高度的風險，一次失敗，就可能賠掉所有本金，造成企業倒閉。但槓桿人生的資源則是完全不同，潛在利益遠大於風險，而且即使失敗（從中獲益不如預期），通常也不會有根本性的損失。

化成算式來看，我們同樣可以把人生的非對稱型槓桿化為數學公式：

$$\mathbf{f(L) = (L \times E \times P \times R_1 \times R_2 \times R_3 \times R_4 \cdots)^t}$$

其中，R代表我們能夠槓桿的資源（Resources），可以是學校、公司、國家，更可以是人脈、科技、夥伴……只要稍加留心，就會發現我們身邊充滿各種可槓桿的資源。

這個算式的意思是，人生的總成果，將是你的天分、環境、職業，以及槓桿各種資源的乘積，再透過時間複利的結果。兩個人縱使有同樣的環境、同樣的職業、同樣的時間，但爭取到的槓桿資源有所落差，人生往往就會有截然不同的發展走向。

我要強調，各項槓桿之間，其效應是相乘的；愈多重槓桿，最終效益愈可觀。透過槓桿擴增的資本，經過時間的複利，我們將得到巨大的效益。也就是，愈早槓桿到可用的資源，收獲將會愈多。

世界變遷的腳步愈加快速，年輕的一代可以槓桿的資源，必定也比過往的世代更加多元。我已經看到許多新世代年輕人運用上一代無法想像的方式槓桿，延伸和放大自己的優勢，收獲步上舞台的美好機會。

相信正在閱讀本書的你，身旁也有許多這樣的機會。請留心發現運用吧。

〈結語〉

生活、判斷、時間——讓你在變局中穩賺精采人生

我熱愛投資。

投資為我的人生帶來最具體的助益，包含了實際的金錢回饋，並讓家庭生活得以富足。

但對我而言，投資並不只是為了謀生賺錢，它是我人生中不可分割的一部分。投資引導我不斷以深刻、多元的視角觀察新的產品、行業、人群或國度，為我開啟更寬廣的經驗範疇與思維視野，讓我的生命更加豐盛。

投資也驅使我不斷向周遭環境學習、不斷認識自我，並了解世界萬物如何運作，最後通過獲利這個最嚴格的壓力測試，驗證我對事物的理解。

「如何準確認識世界？」與「如何投資才能獲利？」這兩者，對我而言是完全一樣的問題。

許多人都知道一個說法：經濟學即是研究有限資源配置的學問，投資即是將經濟原理應用於個人有限資源的配置。

所以，我們從書本中閱讀經濟學的知識後，就能成為投資高手了嗎？恐怕不是。

經濟學理論描述的是靜態的學問，但有效的策略必須運用在動態的世界中，而變化和不確定性才是現實世界不改變的定理。

有效的投資策略並不是在寧靜的湖中泛舟，而是必須能在變局中乘風破浪。

在這本書中，我將一輩子在經濟浪濤中與變局過招的經驗，分成六個案例與八個投資法，已經和你一一分享。然而，有幾個核心的原則，跨越各章，在本書的結尾，值得總結一下。

以投資豐饒生活，以生活啟發投資

許多人以為投資需要將自己關進工作室，閱讀大量財報與財經文章。但其實，投資最重要的啟發，可能來自生活的廣天闊地。

在我的經驗中，最好的投資想法，往往不是來自閱讀報告，而是來自生活體驗。

無論餐飲、汽車、房地產、消費品等各種產業，我們生活都能觸及其產品與服務。我們身為消費者，自然能透過豐富的生活體驗，發現許多值得投資的優質企業。

當你發現值得熱愛的產品，該產品背後的公司，經常就是良好的投資標的。而且，如果你已經喜愛某個產品、常常消費，如何把你消費的錢賺回來？答案是：成為股東。

如同我在本書中提過的，我對特斯拉的電動車有無比的喜愛，雖然是選擇投資後才買車，但購買特斯拉的車後，更驗證了我對這間公司以及創辦人具備的遠見的看法。

當你看向最遠處，天際與地平線合為一，同樣地，生活與投資其實是一體兩面。

逆勢思維獨到判斷，走出庸眾群羊與回聲室

投資失敗是因為資訊不夠，或不夠聰明嗎？通常不是。

投資失敗，常是因為「我執」。無論是過度堅持自己的定見判斷，或是總與多數人想法保持一致，希望自己得到他人接納與認同，都是將「我執」看得比「真實」重要。這樣的習慣是投資大忌。

在亂局中成功投資必須要有的素質是：無我。

無我，所以能摒除自我的主觀偏好、經驗侷限，讓自己不帶成見地用多方觀點進行思考，聆聽不同聲音。

無我，所以能堅持自己在全盤理解後，獨立做出判斷。因為無我，所以不因受輕視、排擠、嘲笑而改變自己的立場，甚至在短期承受損失時挺過懷疑與焦慮。

我看過許多分析師，一錯再錯，都是因為無法放下身段，不能謙虛求教、認錯，終而滿盤皆輸。

唯有吸收了更多元的觀點，學會從不同角度思考事情，才能發展出一套自己的判斷模式，達到逆勢思考，避免成為盲從的羊隻。

要避免陷於單一觀點與偏見的情況，最簡單也是最直接的方式，就是走千里路，認識不同的文化、信仰、看法，增加多元觀點。

時間，在價值的右上角

大眾的注意力很容易被短期的憂慮占據，但我放眼於長期的規律；大眾習慣以直線方式思考未來，我則放眼於指數函數曲線的成長機會。

請一定要留意：只要拉長標的的持有時間，就是提升投資勝率的最有效手段。我做過統計，美股上市公司一千五百強之中，在二〇一〇到二〇二一的十二年間，大約有十三％的公司股價翻了十倍以上，涵蓋各種行業群。這個比例遠高於大多數人的猜想。

以六十年的市場統計數據來看，持股一天，勝負比是53：47；持S&P 500一個月，勝負比是60：40；持股一年，勝負比是75：25；持股十三年以上，幾乎是100：0的勝負比[1]。

很顯然，年輕時投資最大的優勢就是時間，享有更長的持有時間，意味著可以承擔更大的風險與追求更高的報酬。

請相信指數時間觀，做一位長期投資家吧。投資那些能著眼於長期運作發展的企業，慎重配置自己年輕時的心力與時間，讓自己乘坐複利的強大力量，乘風破浪。

1 這也證實了長期持有的優勢，如同在第七章所提到的：「五年內無需動用的資金，其中八成分散投資於全球資產類指數，確保五年內賠錢的機率低於十％，且持有愈久，風險愈低。」

願你在亂局中大賺——賺得財富，更賺得精采人生

面對變局，你可以不必害怕。以人生為丈量尺度，運用時間與槓桿放大回報率，把握變局中的機會，得到千倍收益並不是天方夜譚。

找到變局中千倍收益的機會，需要具備正確的判斷能力。

在本書中，我以自己的實際經歷闡明「判斷能力」的運用，包括如偵探破案般尋找市場與實際經濟體的脫鉤處；尋覓有使命感能夠開創時代大局的企業家；從大經濟體嗅出價格與價值的分歧；在投資組合加入異端以推進效率前緣；清晰剖析危機並找出解決問題癥結的方案等等。

我們的判斷能力，有賴長時間的鍛鍊。練就精準的洞察能力，才能看穿一時的迷霧，尋得打贏大盤的機會。

為了鍛鍊出洞察力，我們得像待在牛棚不斷揮棒練習的球員一樣——不斷投資自我，在生活中觀察、體會、學習，勇於質疑與突破主流想法。

一開始，我們鍛鍊是為了揮棒，揮出全壘打，得分，贏得歡呼。

但後來，我們會發現，鍛鍊並不只是為了在機會來臨的時刻揮棒。我們不斷努

力可以是單純為了充實和進化自我，揮棒只是驗證自我的時刻。

換一種說法，鍛鍊就是為創造價值做預備，因為「自我」本身，是人生這三萬多個日子裡最重要的投資標的。

願所有看完本書的人，和當年面對不同變局的我一樣，都能在變局到來時紮穩腳步，揮棒打擊，賺得財富，並賺得精采人生。

國家圖書館出版品預行編目資料

世界愈亂，你愈賺：在變局中成為大贏家的投資八法／王裕閔著. -- 臺北市：商周出版，城邦文化事業股份有限公司出版：英屬蓋曼群島商家庭傳媒股份有限公司城邦分公司發行，2024.01

面； 公分

ISBN 978-626-318-998-0(平裝)

1.CST：投資 2.CST：理財 3.CST：投資分析

563.5 112021404

世界愈亂，你愈賺：
在變局中成為大贏家的投資八法

作　　者／王裕閔
撰　　文／【真識團隊】謝宇程、洪孟樊
編　　輯／程鳳儀

版　　權／吳亭儀
行銷業務／林秀津、周佑潔、賴正祐
總 編 輯／程鳳儀
總 經 理／彭之琬
事業群總經理／黃淑貞
發 行 人／何飛鵬
法律顧問／禾元法律事務所　王子文律師
出　　版／商周出版
台北市南港區昆陽街 16 號 4 樓
電話：(02) 2500-7008　　傳真：(02) 2500-7579
E-mail：bwp.service@cite.com.tw
發　　行／英屬蓋曼群島商家庭傳媒股份有限公司城邦分公司
台北市南港區昆陽街 16 號 8 樓
書虫客服服務專線：(02) 25007718・(02) 25007719
24 小時傳真服務：(02) 25001990・(02) 25001991
服務時間：週一至週五 09：30-12:00・13：30-17:00
郵撥帳號：19863813　　戶名：書虫股份有限公司
讀者服務信箱 E-mail：service@readingclub.com.tw
城邦讀書花園 www.cite.com.tw
香港發行所／城邦（香港）出版集團
香港九龍土瓜灣土瓜灣道 86 號順聯工業大廈 6 樓 A 室
電話：(852) 25086231　　傳真：(852) 25789337
E-mail：hkcite@biznetvigator.com
馬新發行所／城邦（馬新）出版集團【Cite (M) Sdn. Bhd】
41, Jalan Radin Anum, Bandar Baru Sri Petaling,
57000 Kuala Lumpur, Malaysia.
電話：(603) 90563833　　傳真：(603) 90576622
E-mail：services@cite.my

封面設計／A⁺DESIGN鄭宇斌　　內文設計排版／唯翔工作室
印　　刷／韋懋實業有限公司
總 經 銷／聯合發行股份有限公司　電話：(02) 2917-8022　傳真：(02) 2911-0053
地址：新北市新店區寶橋路 235 巷 6 弄 6 號 2 樓

■ 2024 年 1 月 25 日初版
■ 2024 年 8 月 15 日初版 4.6 刷

Printed in Taiwan
城邦讀書花園
www.cite.com.tw

定價：430 元
ISBN：978-626-318-998-0

商周出版

廣 告 回 函
北區郵政管理登記證
北臺字第10158號
郵資已付，免貼郵票

115 台北市南港區昆陽街16號8樓

英屬蓋曼群島商家庭傳媒股份有限公司城邦分公司 收

請沿虛線對摺，謝謝！

商周出版

書號：BH6121 書名：世界愈亂，你愈賺：在變局中成為大贏家的投資八法

請於此處用膠水黏貼

線上版讀者回函卡

商周出版

讀者回函卡

感謝您購買我們出版的書籍！請費心填寫此回函卡，我們將不定期寄上城邦集團最新的出版訊息。

姓名：________________________ 性別：□男 □女

生日：西元__________年__________月__________日

地址：________________________

聯絡電話：______________ 傳真：______________

E-mail ：

學歷：□ 1. 小學 □ 2. 國中 □ 3. 高中 □ 4. 大學 □ 5. 研究所以上

職業：□ 1. 學生 □ 2. 軍公教 □ 3. 服務 □ 4. 金融 □ 5. 製造 □ 6. 資訊

□ 7. 傳播 □ 8. 自由業 □ 9. 農漁牧 □ 10. 家管 □ 11. 退休

□ 12. 其他________________________

您從何種方式得知本書消息？

□ 1. 書店 □ 2. 網路 □ 3. 報紙 □ 4. 雜誌 □ 5. 廣播 □ 6. 電視

□ 7. 親友推薦 □ 8. 其他________________________

您通常以何種方式購書？

□ 1. 書店 □ 2. 網路 □ 3. 傳真訂購 □ 4. 郵局劃撥 □ 5. 其他______

您喜歡閱讀那些類別的書籍？

□ 1. 財經商業 □ 2. 自然科學 □ 3. 歷史 □ 4. 法律 □ 5. 文學

□ 6. 休閒旅遊 □ 7. 小說 □ 8. 人物傳記 □ 9. 生活、勵志 □ 10. 其他

對我們的建議：________________________

____

____

請於此處用膠水黏貼